Lucas Osiander

Abfertigung, der untreuen Gegenwarnung,

ettlicher unreiner Prediger der Caluinischen Lehr zu Heidelberg

I0209387

Lucas Osiander

Abfertigung, der untreuen Gegenwarnung,
ettlicher unreiner Prediger der Caluinischen Lehr zu Heidelberg

ISBN/EAN: 9783743499690

Hergestellt in Europa, USA, Kanada, Australien, Japan

Cover: Foto ©ninafisch / pixelio.de

Weitere Bücher finden Sie auf **www.hansebooks.com**

Abfertigung/

Der vntrewen Gegenwarnung/ettlicher vnreiner Prediger der Caluinischen Lehr/ zu Heidelberg.

Darinnen erwisen würdt/ daß sich selbige Caluinische Prediger//jrer falschen Lehr selbs schemen: vnd doch selbige (mit einmischung viler greifflichen Vnwarheitten vnd Calumnien) in die Churfürstliche Pfaltz widerumb (als ein schädlich gifftig Vnkraut) einzupflantzen/hefftig bemühen.

Lucas Osiander D.

Tit. 3.

Einen Ketzerischen Menschen meide/wann er einmal vnd abermal ermanet ist/ Vnd wisse/daß ein solcher verkehrt ist/ vnd sündiget/als der sich selbst verurtheilt hat.

Getruckt zu Tübingen/bey Georgen Gruppenbach/ 1584.

Es ist ein alt Sprichwort:

Wann man vnder die Hund werffe/ wöl=
cher getroffen werd/ der schreie. Derwe=
gen mir nie gezweiffelt/ als ich wider die
Concipisten des newen Mandats (wöl=
ches vnter dem Namen Hertzogen Jo=
hann Casimiri/ ꝛc. publicirt worden) geschriben/ es würden
die Calumische Theologen (als die Authores selbigen
Edicts) herauß fahren/vnd jämmerlich darüber heulen vnd
hincken. Dann ich sie zeitlich befunden/ nicht als getrewe
Hund/wölche den Schaffstall Christi bewachen/ vnd wider
die Wölff/ billich (wie der Prophet dauon redet) nicht
stumme Hund sein solten: sondern ich finde sie in der Kup=
pel (weil ich je meinen Widersachern wider meinen willen
ein Jäger vnd Weidman sein muß) deren Hund/vor denen
S. Paulus warnet/ da er sagt: Sehet auff die Hund: sehet
auff die bösen Arbeiter:sehet auff die Zurschneidung.Dann
sie nicht weniger/dann jre vnselige Vorfaren vnd Patriar=
chen/Carolstad/Zwinglius/ vnd jre Gehülffen/mit jrer fal=
schen Lehr vom heiligen Abendtmal/ in denen Kirchen/ so
vom Antichristischen Pabstumb abgetretten/ ein grewliche
zurschneidung der Christlichen Einigkeit/ vnd hochschädli=
chen Riß angerichtet.

Nun weiß ich mich wol zuerinnern/der Lehr vnsers lieben
Heilandts Jesu Christi/da er warnet/ daß man das Heilig=
thumb nicht soll den Hunden geben: auff daß sie nicht sich
wenden/vnd vns zureissen. Darumb/ wann es vmb dise vn=
trewe Hunde (wölche zu jrer gelegenheit können schmeicheln/
wann sie die einfältigen verführen wöllen/vnnd doch darne=
ben die reine Lehrer grimmiglichen anfallen) allein zuthun/

A 2　　　　　wäre

Die Concipisten
des Heidelbergi=
schen Mandats/
haben sich allbereit
funden.

Jsa.56.

Phil.3.

Matth.7.
Die verstockte
Calumnisten sein
für jhr Person/
keiner Antwort
werdt.

were nichts beffers / dann daß man folcher / als Ketzerfacher
vnd hartuerftockter Leut müffig gieng/ vnd fie dem gerech=
ten Vrtheil Gottes befehlen thete.

Warumb den Cal-
uinifchen Theolo-
gen geantwort
werde.

Weil aber hierunder die guthertzige Chriften/fo der War=
heit begirig/ billich zubedencken/ hab ich für ein notturfft ge=
achtet/auff der Heidelbergifchē vermeindte Gegenwarnūg/
mit gutem grund/jedoch auffs kürtzeft/zuantworten : damit
mennigklich verftehen möge / mit was Frduel vnd Mutwil=
len dife Gottlofe Leut/die reinen Diener des heiligen Euan=
gelij/eines Antichriftifchen angemaßten Primats/fälfchlich

Reinigkeit der
Caluinifchen Theo=
logen.

bezüchtigen: Vnnd/ daß dife Caluinifche Heidelbergifche
Predicanten/ eben fo reine Theologen fein/ als ein altes
Veldfiech/oder (mit befcheidenheit zumelden) ein Pfinnige
Saw/die man nicht außhawen/ noch verfpeifen darff.

Caluinifche Theo=
logi/werffen alles
vnordenlich durch
einander/ vnnd
verkeren den ftatū
caufe.

Es haben aber die Heidelbergifche Theologi/die Sachen
in jhrer Gegenwarnung gantz vnordenlich in einander ge=
worffen/auch ettliches vilfeltig widerholet: dz es mühe brau=
chen will/die Händel auß einander zuklauben/ Wie dann jr
Geift/der fie treibt/ein Geift ift der Vnordnung vnd Con=
fufion. Sonderlich aber verfchlagen fie liftiglich den rech=
ten Hauptftritt vom H. Nachtmal/ damit der Chriftlich Le=
fer/ nicht eigentlich verftehen foll/warumb zwifchen vns/vnd
jnen der Stritt fey: mit wölchem Fuchslift fie vil einfeltiger
guthertziger Leut betriegen. Vnd damit fie jhrer böfen Sa=
chen/ein guten fchein machen/ tragen fie Lügen mit Wan=
nen zu: dermaffen/ daß felten fünff oder fechs in jhrer
Schrifft auff einander folgen/darinnen nicht ein offenbare
Vnwarheit/mutwillige Calumnia/ oder verkehrung vnnd
verfälfchung anderer ehrlicher Leut Reden oder Schriff=
ten/gefunden würdt.

Nun

Nun hette eines solchen langen vnnützen geschwätz vñ etwäsches/darmit sie das publicirt Edict/wider regen/vnnd Wind zusummen vnderstehen/ nichts bedürfft. Dann/ist Caluinische Lehr im Artickel vom H. Abentmal recht/vnd den Worten der Einsatzung Christi gemeß: so ist das Edict (so vnder Hertzogen Johannis Casimiri/ꝛc. Namen außge- gangen) nit zustraffen. Ist aber die Caluinische Lehrt falsch/ vnnd den Worten Christi zuwider: so kan gedachtes Edict/ oder Mandat (als das zu fortpflantzung des Caluinischen Irrthumbs gestellet vnd publicirt) nicht mit gutem Grunde entschuldiget oder verthädiget werden. Vnnd tünchen dise lose Tüncher (wie der Prophet dergleichen Lehrer nennet) vergeblich daran: streichen auch solche Farben an/ die am Wind vnnd Wetter kein bestandt haben mögen/ sondern selbs widerumb abfallen müssen.

Warauff die Sachen/das Mandat belangende/kürtzlich beruht.

Ezech 13.

Derhalben will ich (vermittelst Göttlicher Gnaden) in diser Schrifft/den Christlichen Leser/widerumb zum Haupt- stritt diser Sachen führen/vnd ihm zeigen/daß der HERR Christus/vnnd seine liebe Apostel vnd Euangelisten/vil an- derst vom H. Nachtmal gelehret vnd gehalten/daß die Cal- uinische Heidelbergische Theologi/vnd jres gleichen falsche Lehrer glauben vnnd halten. Darauß wirdt dann für sich selbsten offenbar werden/ daß die jenigen/ so nächstgedachtes Mandatum concipirt/vnnd jr Obrigkeit zur publication des- selben angetriben vnd gehetzt/sehr vbel vnnd vnchristlich ge- handelt/vnd mit der execution desselben noch vil übler vnnd vnchristlicher handlen/in dem sie reine Lehrer/ so mit gutem Gewissen/dem Mandat nicht gehorsamen können/von jren befohlnen Kirchen vertreiben/ vnnd an derselben statt/böse verschlagene tückische Caluinisten auffstellen/ vnnd den

Die Puncten/ daruon in diser Schrifft gehan- delt würde.

I.

A 3   Christ-

Christlichen Kirchen in der Churfürstlichen Pfaltz mit gewalt aufftringen.

2.   Zum andern/will ich anzeigen/mit was vnuerschämpten
Vnwarheitten / sie die offenbare helle Warheit (in diser
Handlung oder Strit vom H. Nachtmal) vnderstehen vn-
terzutrucken/vnd die Leut mit sehenden Augen wöllen blind
machen. Wie sie auch fromme vnnd Christliche Obrigkeiten
vnd Kirchendiener/mit vnerfündtlichen aufflagen/ Lügen/
vnd Calumnien/wider ir eigen Gewissen/beschweren.

3.   Zum dritten/will ich auch mein Person/gegen disen Lüg-
nern vnd verleumbdern verantworten / souil die notturfft er-
fordert: Vnnd mich in disen Puncten allen geliebter kürtze/
(souil immer die Sachen erleiden mögen) befleissen.

I. Wölches eigentlich der Haupt-
striit zwischen vns vnnd den
Caluinisten sey.

Der Haupstrit
zwischen den Cal-
uinisten vnd vns/
ist/von der waren
Gegenwart des
Leibs vnd Bluts
Christi im H.
Nachtmal.

Lutheri Christli-
che Lehr vom H.
Nachtmal.

Matth. 26.

Er Stritt zwischen den Zwinglianern vnd vns/ist
erstlich gewesen / vber dem H. Nachtmal Christi:
Ob/nämlich/im H. Abentmal/ der ware Leib/vnd
das ware Blut vnsers H Errn Jesu Christi/ mit Brot vnnd
Wein/außgetheilet/vnd von denen/so zum heiligen Sacrament gehen/empfangen werden : von den frommen zwar / zur
sterckung des Glaubens/vn fürderung des newen angefan-
genen Christliche lebens : von den bösen aber vn vnbußferti-
gen/zum Gericht. Hie haben sich Lutherus/vn andere reine
Lehrer mit im/jederzeit gehalten an die Wort Christi/der in
einsetzung seines H. Abentmals gesagt:Das ist mein Leib/der
für euch gegebe würdt:das ist mein Blut/das für euch vergos
sen würdt.Disen worten Christi haben Lutherus / vn andere
Christliche lehrer vn zuhörer/einfeltig geglaubt.Die Zwinglische

tische Widerpart aber hat dise Wort Christi nit mit einfelti-
gem gehorsamen Glauben annemen wöllen/ sondern selbige
disputirlich gemacht: vñ haben mancherley Außlegung/ ge-
sucht/damit sie ja ir menschliche Vernunfft nicht vnder den
Gehorsam Christi gefangen nemen müßten. Dann Carol-
stadius/wölcher disen Schwarm vnd Streit (nach dem wider geoffenbarten H. Euangelio) herfür gebracht vnd ange-
fangen/hat fürgeben: der HErr Christus hab im H. Abent-
mal/in darreichung des Brots/auff seine Leib gedeutet/
vnd gesagt: Das ist mein Leib/der für euch gegeben würde:
vnd hab also seinen Jüngern weitters nichts/dann Brot vñ
Wein dargereichet. Zwinglium hat gedeucht/dise Speen
seien gar zu grob gehawen:darumb er ein andere außlegüg ge-
sucht/nämlich/daß die Wort Christi (das ist mein Leib) sollen souil heissen:das bedeuttet meinen Leib. Oecolampadi-
us aber/hats noch ettwas subtiler machen wollen/vñ hat die
Wort Christi also außgelegt:Das ist meines Leibs Zei-
chen. Schwenckfeld hat die Wort Christi vmbkeret/vñ sie
also gesetzt:Mein Leib ist DAS/vernim/ein geistliche speise.
Dise Außleger alle/obwol keiner mit dem andern eingestim-
met/vnnd sich ein jeder bedunncken lassen/er habe neher zum
Zweck geschossen/dañ seine Gesellen:Jedoch sein sie in dem
einig gewesen/daß nach der Himmelfahrt Christi/in außspen-
dung deß H. Nachtmals/der Leib vñ das Blut Christi nicht
bey vns auff Erden gegenwertig/noch vil weniger aber/mit
Brot vñ Wein empfangen werden. Diser meinung ist auch
Caluinus gewesen/vnd noch heutigs tags Theodorus Beza,vnd alle Caluinisten:ob sie sich wol in jren worten vnnd
Bekañtnussen wunderlich verdrehen/krümien/vnd solchen
jren Vnglauben gern verbergen wolten:Wie sich hernach
an seinem ort lautter finden soll.   Als

Marginalia:

2. Cor 10.
Carolstadij falsche
außlegung der
Wort Christi.

Zvvinglij falsche
außlegung der
Wort Christi.

Oecolampadij
falsche außlegung
der Wort Christi.

Schwenckfelds
falsche außlegung
der Wort Christi.

Als man nun mit einander vber der Gegenwertigkeit deß Leibs vnd Bluts Christi im H. Abentmal gestritten: haben Zwinglius vnd sein Anhang/wider den richtigen einfeltigen Verstande der Wort Christi/ vermeindtlich eingeführt die Articul des Glaubens/ da wir bekennen / Christus sey gen Himmel gefahren/sitze zur Gerechten des Himlischen Vaters: vnd werde widerkommen/zurichten/die lebendigen vnd

Zwinglianer haben sich vnterstanden/ die Articul des Glaubens wider die Gegenwart des Leibs vnd Bluts Christi im H. Nachtmal zuführen.

die todten. Sie haben auch fürgewendet/dz der Son Gottes/hab menschliche Natur angenommen. Nun sey es aber wider die Eigenschafft menschlicher Natur / daß ein warer Leib könne zumal an zweien vnterschidlichen ort sein: Darumb könne auch (nach jrer Meinung) der Leib Christi (als der gen Himmel gefahren/ zur Rechten Hand Gottes sitz/ vnnd am Jüngsten tag allererst widerkommen werde) nicht hienidern im heiligen Abentmal gegenwertig sein/ vnnd mit dem Brot außgetheilt/vnd geessen/ noch sein Blut getruncken werden.

Zwinglianer haben vrsach geben/ daß von der Himmelfahrt Christi/ seinem sitzen zur Gerechten Gottes/vnd von der Person Christi disputirt hat werden müssen.

Hie ist es ein notturfft gewesen/daß Lutherus/ vnd andere reine Lehrer/ die Himmelfahrt vnsers HErrn Christi/sein sitzen zur Gerechten Gottes/vñ Widerkunfft zum Gericht Christlich (nach außweisung der H. Göttlichen Schrifft) erklärt/ nämblich / ob wol Christus sichtbarlich warhafftig vbersich gen Himmel gefahren/ vnnd am Jüngsten tag sichtbarlich mit grosser Maiestet/ widerumb kommen würdt:

Matth 25.
Rechter verstand der Himmelfahrt Christi.

Jedoch sey noch heutigs tages/ der gantze Christus seiner Christlichen geliebten Kirchen (wiewol vnsichtbarlicher/vñ menschlicher Vernunfft vnbegreifflicher weise) gegenwer-

Matth. 28.

tig/dann er hat gesagt: Sihe/ich bin bey euch alle tag/biß an der Welt ende: vnd : Wo zween oder drey versamlet sein/in meinem Namen/da bin ich mitten vnter jnen. So hat der heilig Apostel Paulus/ vns die Himmelfahrt Christi also erklä-

erkläret: Er ist vber alle Himmel gefahren / auff daß er al   *Ephes 4.*
les erfülle. Wölche Außlegung der Himmelfahrt Christi / die gegenwertigkeit des Leibs vnd Bluts Christi im heilligen Nachtmal nicht vmbstosset / sondern vil mehr bestettiget.
Es ist auch von den vnsern / das sitzen zur Gerechte Gottes /   *Rechter verstäde*
auß H. Schrifft erkläret worden / nämlich / daß die Gerech   *des sitzens zur*
te Gottes nit sey ein gewisser leiblicher ort / sondern die vn   *Gerechten Got*
endtliche Allmacht vnd Gewalt Gottes / in wölche der Herr   *tes.*
Christus / als warer Mensch / eingesetzt worden. Darumb er   *Psal. 118.*
  Matth 28.
gesagt: Mir ist gegeben aller Gewalt / im Himmel vnnd auff
Erden. Darumb auch das sitzen zur Gerechten Gottes / nit
wider die Gegenwertigkeit des Leibs Christi im heiligen
Nachtmal strebet / sondern derselbige vil mehr fürstendig ist.
Vnnd dieweil die Zwinglianer vil von der Eigenschafft eines waren menschliche Leibs disputirt / daß er / nämlich / nicht
zumal an zweien orten sein könne: ist jnen / auß heiliger Göttlicher Schrifft gründtlicher Gegenbericht geschehen: daß   *Rechte Lehr von*
ja der Son Gottes ein ware Menschheit angenommen / vnd   *der Menschheit*
nach der einen Natur / ein warhafftiger Mensch sey / Dane   *Christi.*
ben aber sey auch wol zubedencken / daß der Son Gottes mit
der angenommenen Menschheit ein einige vnzertrente Person / wölche auch der Tode nicht hat können scheiden oder
trennen. Darumb wölle es den Christen nicht gebüren / daß
sie die Menschheit Christi allein hinauff in Himmel setzen:
die Gottheit aber auff Erden (one die angenommene Menschheit) haben wöllen: dann wo der Son Gottes ist / da hab er
sein angenommene heilige Menschheit bey sich : also / daß selbige mit dem Son Gottes allenthalben gegenwertig / jetzt
im standt seiner Herrligkeit / alles regiere vnd verwalte / doch
nit auff natürliche / menschliche / sonder auff ein himlische /
vnd menschlicher Vernunfft vnbegreiffliche weise.

           B   Dise

Die Lehr von der Maiestet der Menscheit Christi/ist von Luthero vnd andern reinen Lehrern jederzeit gefuhrt worden

Dise Lehr/von der Maiestet Christi/des Menschē Sons/ ist von Doctore Luthero, Fürst Georgē zu Anhalt/ Brentio, Pomerano, Iusto Menio, Vrbano Regio, Vito Theodorico, Casparo Huberino, Althamero, vnnd andern dazmaln berhümbten Theologen der Augspurgischen Confession / nicht allein im Streit wider die Zwinglianer/ sondern auch in andern ihren Schrifften/ gefuhrt worden/ inmassen vor diser zeit / in ettlichen vnsern Schrifften klar vnd vnwidersprechlich erwisen. Vnnd wiewol noch bey Leb=

Zwinglianer haben nicht allwegen so hefftig wider die Maiestet Christi getobet.

zeitten D. Luthers dise Christliche Lehr/ von der vnendlichen Herrligkeit Christi/den Zwinglianern nicht gefallen: Jedoch haben sie damaln dermassen nicht/wie jetzt/darwider getobet: Auff vnser Seiten aber hat sich kein Theologus im wenigsten darwider gesetzt. Dann vnsers theils reine Theologi wol verstanden/ ob wol die Gegenwertigkeit des Leibs vn Bluts Christi im H. Nachtmal allein auff die Wort vnd Einsatzung Christi gegründet :so seie doch die Lehr von der Maiestet Christi des Menschen Sons/ der Grund/ wölchem man die vermeinte Argumenta der Zwinglianer (wölche sie/auß der Himelfahrt Christi/seinem sitzen zur Gerechten Gottes/vn auß den Eigenschafften der menschlichen Natur herfür bringen) widerlegen kan : in dem man erweiset/daß der Herr Christus/auch nach seiner H. Menschheit/ alles vermöge zuleisten/was er in seinem Wort versprochen: darumb/daß er warer Gott vnd Mensch/in einer einigen vnzertrenten Person ist:Wölches sonsten keinem andern Menschen (wann er gleich auch / wie Christus/one Sünd empfangen vnd geborn were) müglich sein köndte.

Nachdem aber vor ettlichen wenig Jaren/durch des Caluini, vnd anderer Zwinglischen Theologen Schrifften vnd Practicken/die Sacramentirische falsche Lehr widerumb/als ein Feur(wölches ein zeitlang gedeimmet gewesen)gleich von newem

newem auffgangen/vnd Christliche Lehrer demselbigen zu
wöhren/durch heilsame notwendige Schrifften/allen müg-
lichen fleiß angewandt/vnd wider der Zwinglianer Disputationes, (wölche dem HERrn Christo/nach seiner heiligen
Menschheit/seinen Gewalt außmessen/vñ jrem Schöpffer
Christo/Marck stein setzen wöllen/wie weit sich sein Gewalt
in seiner H. Menschheit erstrecken möge) die Hochheit vnnd
Herrligkeit Christi des Menschen Sons/als dem nichts vn-
müglich/der alles weiß/vnd allenthalllen gegenwertig regi-
ret/auß H. Göttlicher Schrifft/wider die Zwinglianer/er-
wisen: Haben die Caluinisti wol gesehen/wann dise Lehr (von
der Herrligkeit vnnd Allmacht Christi/als deß Menschen
Sons) bestehe/daß daburch alle jre fürgewendte scheinbar-
liche Argumenta fallen müssen. Derwegen sie die Disputa-
tion/von der Gegenwertigkeit des Leibs vñ Bluts Christi im
H. Nachtmal/gleichsam etwas besser gestelt/vnd vilfaltig
fürgegeben/daß sie selbsten auch ein ware Gegenwertigkeit
des Leibs vñ Bluts Christi im H. Nachtmal glauben. Dagegen aber haben sie mit all jrer vermeinbten Kunst vnd ver-
mögen/wider die Lehr von der Maiestet Christi/deß Menschen Sons/bißher gestürmet/vñ mit greulichen Lösterungen getobet. Vñ damit sie ja dise reine Lehr (als die jnen zum
höchsten zuwider) bey menigklichen verdächtig vnd verhaßt
machen möchten: haben sie derselben ein newen Namen er-
tichtet/vnnd die Vbiquitet genennet/deren Vatter/Bren-
tius soll gewesen sein: die reinen Lehrer/wölche sich
jhrem Zwinglischen Schwarm widersetzen/nennen sie/
Vbiquitisten: gleich alß ob nicht von anfang dises ent-
standnen Stritts/je vnnd allwegen die Lehr von der Ma-
iestat Christi/jhnen were entgegen gesetzt worden. Wölches sie alles darumb thun/auff daß sie reine Theologen

B 2   vers

Warumb die Caluinisten jetziger zeit so hefftig wider die Maiestet des Menschen Christi toben.

verdächtig machen/als ob sie ein newe vnd vngeheure/ hie
uor vnerhörte Lehr in die Christenheit einführten: weil der
Name (den die Caluiniſten ertichtet haben) newe/vnnd hie
uor vngewohnlich geweſen. So wiſſen ſie auch/daß ſie in
diſem Stritt vñ Kampff von der Vbiquitet/heimliche Ge
hülffen habt/nämlich/die heimliche Caluiniſten/wölche mit
dem Mund die Gegenwertigkeit des Leibs vnd Bluts Chri
ſti/im H. Nachtmal bekennen/vnnd doch im Herzen nichts
dauon halten. Vnd getröſten ſie ſich nicht wenig/daß jhnen
auch die Jeſuiter (der Göttlichen Warheit abgeſagte Feind)
hierin/wider die reinen Lehrer / einen Beiſtandt leiſten.

Der Hauptſtrit
zwiſchen vns vnd
den Caluiniſten/
iſt nicht von der
Vbiquitet/oder
Allenthalbenheit
Chriſti.
Nun iſt diſes nicht der Hauptſtrit zwiſchen vns vnnd den
Zwinglianern: Ob der HERr Chriſtus auch nach ſeiner
heiligen Menſchheit allenthalben gegenwertig ſey. Dann
wann die Zwinglianer vns zugegeben hetten/daß der Sohn
Gottes mit ſeiner heiligen Menſchheit an allen orten
gegenwertig were/da ſein H. Abentmal / nach ſeiner Einſe
tzung / gehalten würdt / ſo were es zu der Diſputation (ob
Chriſti angenommene Menſchheit allenthalben gegenwer
tig were) nie kommen. Darumb iſt es ein vberauß groſſe Boß
heit/dz die Caluiniſten jetzt faſt einig/diſe Diſputation (von
der Gegenwertigkeit Chriſti an allen orten) treiben: vnd ſich
dagegen ſtellen / als ob ſie in der erſten Diſputation (von
der Gegenwertigkeit des Leibs vnnd Bluts Chriſti im heili
gen Abentmal) mit vns einig weren/vnnd im ſelbigen Pun
cten allein von dem modo preſentie, das iſt/auff was
weiſe Chriſti Leib vnd Blut im H. Nachtmal gegenwertig
ſey/geſtritten würde.

Der Hauptſtrit
iſt: Ob der Leib
vnd Blut Chriſti
im H. Abentmal
Der Hauptſtrit aber (auß wölchem allererſt hernach die
Diſputation von der Vbiquitet / hergefloſſen) iſt hieruon:
Ob der Leib vnd Blut vnſers HErren Jeſu Chriſti/im H.

Abent

Abendtmal gegenwertig seien: also / daß wer das gesegnete warhafftig gegen-
Brot isset / derselbig auch den Leib Christi esse: vnd wer auß wertig sey.
dem gesegneten Kelch trincket / derselbig auch das Blut Christi trincke. Dann den Modum oder weise / wie Christi Leib
gegenwertig sey / stellen wir auff ein ort / vnnd befehlen solch
hoch Geheimnus der Allmächtigen Weißheit Gottes / vnsers himlischen Vatters: vnnd lassen vns benügen / daß wir
wissen vnd glauben / daß Christi Leib vnnd Blut warhafftig
im H. Abentmal gegenwertig / vñ allda geessen vnd getruncken werden: Wölches aber die Caluinisten nicht glauben: sonsten weren wir der sachen in dem Haupstritt schon
einig.

Ob aber wir / oder die Caluinisten / recht daran seien / kan Christi warhaff-
vns niemandts besser entscheiden / dann der HErr Christus tige Wort / geben
selbst / vnd der H. Apostel Paulus / der inn dritten Himmel vñ lauttern bescheid /
ins Paradiß gewesen. Christus aber (wie Mattheus der Eu- ob wir / oder die
angelist vnd Apostel / wölcher im H. Abentmal selbst gegen- Caluinisten recht
wertig gewesen / bezeugt) hat das Brot genommen / gedancket / vom H. Abentmal
gebrochen / seinen Jüngern gegeben / vñ gesprochen: Nemet / halten.
esset / das ist mein Leib. Er hat auch den Kelch genom- Matth 26.
men / gedanckt / jhnen denselben gegeben / vnnd gesprochen:
Trincket alle darauß / das ist mein Blut / des newen
Testaments / wölches vergossen wirdt für vil / zur vergebung
der Sünden. Vnnd mit disen worten / stimmen auch die
zween Euangelisten / Marcus vnnd Lucas / da sie die Einsatzung des H. Nachtmals beschreiben. Lieber sag mir: Was
hat Christus seine Jünger heissen essen / da er jhnen das
Brot dargebotten? Höre den HErrn Christum selbst / der
sagt: Esset / das ist mein Leib. Was hat er sie heissen trincken / da er jnen den Kelch (in wölchem Wein gewesen) dar-

B 3   gebot-

geboten? Höre den HErrn Christum selbsten/ der sagt:
Trincket/ das ist mein Blut. Womit isset vnnd trincket
man aber? freilich mit dem Mund. Darauß ist vnwider-
sprechlich/daß wer das Brot im H. Abentmal isset/ der isset
den Leib Christi: Vnd wer den Wein im H. Abentmal trin-
cket/der trincket das Blut Christi. Vnd würde vnser HErr
Christus nicht darumb zum Lügner/wann ein Vnbußfer-
tiger hinzu gehet: wie auch Christi Wort nicht darumb zu
Lügen worden sein/ daß Judas der Verrähter/ mit den andern Aposteln das Abentmal empfangen hat. Denn S.
Paulus (der freilich mehr von disem Geheimnuß gewußt
dann wann man alle Caluinisten in ein Klumpen zusam-
schmeltzet) sagt außtrucklich: Wölcher vnwürdig von disem Brot isset/oder von dem Kelch deß HErrn trincket/
ist schuldig an dem Leib vnd Blut des HErrn.
abermals spricht er: Wölcher vnwürdig isset vnd trincket/
der isset vnd trincket ihm selber das Gericht/ darumb/
nicht vnterscheidet den Leib deß HErrn. Da wirt
lautter von der Sachen geredet/daß der Leib vnd Blut Christi im H. Abentmal mit Wein vnd Brot geessen vnd getruncken werden/von würdigen vnd vnwürdigen: gleichwol
den vnwürdigen nie zu irem Heil/sondern inen zum Gericht.

Wir verstehen zwar selbst wol/daß dise Lehr/von der warhafftigen Gegenwertigkeit des Leibs vnd Bluts Christi im
H. Nachtmal/ vor vnser menschlichen Vernunfft gantz vn-
gereumbt/ja auch thöricht scheinet: wie dann die witzige Narren / die Vernunfft/ sich in den Göttlichen Geheimnussen
gar närrisch stellet/ wann sie etwas nit begreiffen/ vnd mit irer
Spitzfindigkeit außmessen kan. Vnd können die Caluinisten
kein absurdü hierin erdencken/ wir kömten selbigs so wol/ als

fie/

Ob die Vnbuß-
fertigen auch den
Leib vnd Blut
Christi im H.
Nachtmal em-
pfangen?

Die menschliche
Vernunfft ergert
sich an der heilsa-
men warhafftigen
Lehr/vom H.
Nachtmal Chri-
sti.

sie/sehen/wann es sich gebürte/die Göttliche Weißheit in die Schul zuführen. Wir haben aber gelernet/vnser Vernunfft in Göttlichen sachen(nach der Lehr deß Apostels Pauli) vnter den Gehorsam Christi gefangen zunemen/vnd den Worten Christi einfeltig zuglauben. Dises aber wöllen die Caluinisten/in disem Geheimnus/nicht thun: sondern sie wöllens mit jhrer Vernunfft verstehen/begreiffen/ja auch mit jren leiblichen Augen sehen. Darumb ists nicht wunder/daß sie schreiben: **Es muß der Leib Christi so weit von vns sein/als der Himel ist von der Erden.** Vnnd hilfft die Caluinisten gar nicht/daß sie dise Gottlose wort(darmit sie jr Gottloses vnd vnglaubigs Hertz verrahten)verklügen/vnnd mit wunderlichen Glossen verstreichen wöllen. Dann dise Wort sein lauter vnnd rund geschrieben/vnd nit tunckel/sonder ligen offentlich am tag/wie der Bawr an der Sonnen. Darumb ist es lauter Büberey/wann sie in jren Schrifften fürgeben/sie glauben auch mit vns im H. Abentmal/ein ware Gegenwertigkeit des Leibs vnd Bluts Christi. Seitemal auch die Heidelbergische Caluinische Theologen geschrieben: Wir sagen teutsch vñ rund/daß der Leib Christi/weder klein noch groß/weder außgedehnet noch eingezogen/weder eintzig noch vilfeltig/weder himlischer noch jrdischer/oder fleischlicher weise/weder sichtbar/noch vnsichtbar zugleich an vilen oder allen orten sey/ꝛc. Wie können sie dann glauben/dz der Leib Christi im Nachtmal sey/das auff einmal an souil tausent orten/zumal in der Christenheit gehalten würde?

Daß/haben sie jemals ein ware Gegewertigkeit des Leibs vnd Bluts Christi/im H. Abentmal geglaubt:warumb haben sie nicht zu Augspurg/Anno/ꝛc.30.die Augspur. Confession vnter-

Marginalia:

Rechte Christen nemen jr Vernunfft gefangen/ vnder den Gehorsam Christi. 2.Cor.10.

Caluinisten wöllen nicht glauben/ sonder sehen vnnd begreiffen.

Caluinus in Consensu cũ Tigurinis. Et Beza in Colloquio Possiaceno. Caluinisten glauben kein Gegenwertigkeit deß Leibs Christi im H. Nachtmal.

In der Heidelberger Büchlin/genandt/Bestendige Antwort. M.j. fa.lj.

Fernere beweisung/daß die Caluin. kein Gegenwertigkeit des Leibs vnd Bluts Christi im H. Nachtmal glauben.

vnderschrieben? sondern ein andere vnnd eigne Confession
Keyser Carolo vbergeben? Vñ da jnen hernach in Franck-
reich/ein Religionfriden verheissen worden/wañ sie die Augs-
spurgische Confession vnterschreiben wolten : warumb haben sie damaln ehe eines newen vnd blutigen Kriegs wöllen
gewertig sein / dann die Augspurgische Confession vnterschreiben? Ja warumb vnterschreiben sie nicht noch heutigs tags purè & sine conditione, (fein rund/redlich / vnd
one gefährlichen vorbehalt) die Augspurgische Confession/
wie selbige Keifern Carolo V. hochlöblichster gedächtnus/
Anno/rc. 30. zu Augspurg vbergeben worden? Vnnd hören
darnach auff wider vns ferner zupredigen vnd zuschreiben?
Dann weil sie disen Hader vnd Lermen in der Christenheit
angefangen/ solten sie billich (wann sie zu Christlichem
Friden/so grossen lust hetten/als sie fürgebe) auch am ersten
auffhören/vnnd ires theils (mit vorgehender Bekantnuß
der reinen Lehr) ein ende daran machen. Dann wir vnsers
theils/seid der zeit / des wider geoffenbarten Euangelij / vnsern Glauben vnd Lehr vom H. Nachtmal nie geendert: vñ
da die Zwinglianer nicht ein newe Lehr/wölche den worten
Christi zuwider/in die Christenheit eingeführet / so were wol
frid geblieben. Glauben die Caluinisten mit vns ein ware gegenwertigkeit des Leibs vnnd Bluts Christi im H. Nachtmal: Warumb haben sie dann vor ettlichen Jaren/alle Euangelische Predicanten/ wölche es im Artickel vom heiligen
Nachtmal mit vns gehalten/auß der Churfürstliche Pfalz/
mit Weib vnnd Kindern verjagt/vnnd ins elend verstossen?
Ist das jr brüderliche / oder vil mehr liederliche Liebe/die sie
gegen jren Glaubensgenossen erzeigen? Warumb ver-
schupffen sie heuttiges tags widerumb auß der Churfürstlichen

chen Pfaltz reine Chriſtliche vnd vnſträffliche getrewe Leh=
rer/wölche ob der waren Gegenwart des Leibs vnnd Bluts
Chriſti im H. Abentmal halten? wann ſie ſelbſten auch ein
ware Gegenwart (wie ſie mit worten fürgeben) glauben?
Sie haben vor wenig Wochen alle rechtglaubige Colla=
boratores auß dem Churfürſtlichen Pædagogio zu Hei=
delberg außgeſchafft vnd geurlaubt/ vnnd andere/nämlich/
Caluiniſche/an ihr ſtatt geordnet. Sie haben D. Luthers
Catechiſmum widerumb auß den Schulen außgemuſtert/
vnd den Caluiniſchen an die ſtatt geſetzt. Sie haben in denen
Kirchen/die ſie eingenommen/die gute Chriſtliche Kirchen=
ordnung/wölche Pfaltzgraue Ludwig Churfürſt/ Chriſtſe=
ligſter Gedächtnüß/angerichtet/abgeſchafft/vnd ir Zwing=
liſche Kirchenordnung widerumb eingeführet. Vnd wöl=
len dannoch diſe loſe Leut/in irer Gegenwarnung abermals
alle Welt mit gewalt vbereden/ſie glauben mit vns ein ware
Gegenwertigkeit deß Leibs vñ Bluts Chriſti/im H. Nacht=
mal. Halten ſie dann alle Chriſten für Stöck vnd Blöck/
daß ſie nicht verſtehen ſolten/was die Caluiniſten im Schilt
führen? Weil man auß iren worten höret/vnd an iren Tha=
ten ſihet/was ir Glaub vnd Religion iſt?

D 1 fa.1.2. D. 3
fa 1.2. D. 4 fa 1.
2. E. 1. fa 1.2. E.
2. fa 1.

Vnnd zwar/ etliche jhre Caluiniſche Mitbrüder/wölche
den Schalck nicht ſo wol verbergen können/ als die Heidel=
bergiſche Caluiniſten/haben ſich vor diſer zeit vilfältig/ mit
der That/in außſpendung deß Nachtmals/ mercken laſſen/
was ſie von dem H. Abentmal Chriſti halten. Dann ich
glaubwürdig bericht worden/ daß in der Churfürſtlichen
Pfaltz vor acht jaren/zu T. ein Caluiniſcher Predicant/den
einen theil deß Sacraments ſeinen Pfar=kindern auß einer
Fläſchen dargereicht/vñ zu ſeiner Pfarkinder einem geſagt

Was die Calui=
niſten vom H.
Nachtmal halten/
haben ſie nicht=
maln mit der
That beweiſen.

C   haben

haben soll: Thue einen guten starcken Suff. Als auch
daselbsten ein Pfar:kind/von wegen weniger vñ böser Zeen/
den Kuchen/(als den einen theil jres Zwinglischen Sacraments)auff wölchem das Pfältzische Wappen geweßt/nicht
niessen oder erbeissen können/soll der Predicant selbiger Per-
son/disen Christlichen Raht gegeben haben/sie soll den harten Kuchen mit sich heim nemen/selben in ein Suppen/oder
ins trincken waichen: wie dann auch beschehen. Vnnd wie
hoch die Caluinisten von den H. Sacramenten halten/ist
auch darbey abzunemmen/daß vmb dieselbige zeit/in der
Churfürstlichen Pfaltz/ettliche Caluinisten auß Tauffstei-
nen (darauß nach Christlicher Ordnung kurtz zuuor Kinder getaufft worden) vñ auß Altar Steinen/(auff wölchen
vnlang daruor das H. Abentmal Christi/nach seiner Einse-
tzung/gehalten worden) Schwtrög gemacht haben.

Darumb ist es lauter Schalckheit vnd Betrug/wann die
Caluinische Theologi/mit scheinbarlichen worten fürge-
bt/als ob sie mit vns ein ware Gegenwertigkeit des Leibs vñ
Bluts Christi im H. Nachtmal glaubten: dann diß hat jnen
jhr Hertz nie berühret/wie solches jre Thaten erweisen. Der-

Warumb die Cal-
uinische Prediger
vnterweilens mit
vnsern worten re-
den.

wegen/wann sie ettwo mit vnsern worten/vom heiligen
Abentmal reden/so ist es doch nichts anders im Grundt/
dann wann ein Kundtschaffter im Krieg seiner Widerpart
Veldzeichen anhengt/vnnd also in seines gegentheils Läger
sich thut/damit man jhne nicht kennen soll/daß er ein Feind
sey: er aber hiezwischen allerley außkundtschafften/vnnd
Schaden thun könte. Also schleichen heutigs tags/ettliche
türckische verschlagene Caluinische Predicanten ein/bey
Christlichen Gemeinen/stellen sich dergleichen mit worten/
als wann sie es mit vns hielten: vnnd thun doch greulichen
schaden/ehe man sie erkennen lernet.

Vnd

Vnd zwar/wann sie dise Sach mit gutem Gewissen han-
delten/solten sie nicht so zweytzüngige/schlüpfferige/zweifel-
hafftige/vnd geschraufte Bekantnussen thun : wölche man
auff zweierley meinung (Lutherisch vnd Caluinisch) außle-
gen vnd drehen kan: sondern frei rund herauß sagen/wie es
jnen vmbs Hertz were: nämlich/daß sie im Abentmal nichts
weitters / dann Brot vnnd Wein glaubten/ souil die Sub-
stantz oder Wesen des heiligen Nachtmals anlanget. Aber
es will sie selb gedunken/dises were vil zu laut: vnd möchten
sie nicht allein die jenigen/so noch nicht Caluinisch/ von jrer
Secten damit abalienirn vnd abschrecken / sondern auch jre
verführte (jedoch auß vnwissenheit jrrende) Zuhörer darmit
für den Kopff stossen. Darumb schemen sie sich jres Glau-
bens/oder vil mehr/ jres Vnglaubens/ dürffen denselbigen
nicht frey rund vnnd lautter herauß bekennen / one wann sie
sich vnterweilens auß vnfürsichtigkeit vnnd vnbedächtlich
verschnappen. Jnmassen dann andere Ketzer/(sonderlich
aber Arius) vor vilen hundert Jaren auch gethan : Wölche
zwar erstlich/vnd zum anfang grob mit der Sprach herauß
gefallen: wie auch Carolstadius vnnd Zwinglius gethan:
Wann man jhnen aber gewaltig auß Gottes Wort wider-
stande gethan/haben sie (wie ein Schneck in ein Häußlin)
die Ohren wider hindersich gezogen / vnnd vil glimpffiger
von den Sachen geredet/also / daß auch Christliche Potentaten vermeindt/selbige Ketzer weren widerumb mit jrer Be-
kantnüs/zu den rechten Christen getretten. So doch die Ketzer jr erste jrrige meinung alle zeit behalten/vnnd nicht fallen
lassen:sonder vnter jren glatten Wörtlin/ vnnd schlüpfferi-
gen Bekantnüssen/ die Christliche Gemein je lenger je be-
schwerlicher vergifftet haben.

Caluinisten han-
deln dise Sach
mit bösem Gewis-
sen/ vnnd schämen
sich jres Glaubs
selbs.

C 2　　So

Die Caluinische vnd die Christliche Lehr/seind so weit von einander/als Himmel vnd Erden.

So ist nun offenbar vnnd hell am tag: dieweil die Caluinisten (in der Churfürstlichen Pfalz vnnd anderswo) kein ware Gegenwertigkeit des Leibs vnnd Bluts Christi im H. Abentmal glauben: Der HErr Christus aber vom heiligen Nachtmal gesagt: Das ist mein Leib: das ist mein Blut: daß der Caluinisten Lehr/vnd vnsers HErren Christi vnfehlbare Wort/so wenig mit einander sich vergleichen/als Liecht vnd finsternus/wasser vnd feur/ja/so weit von einander sein/als Himmel vnd Erden. Derwegen ein jeder frommer Christ/billich vor der Caluinischen Lehr/als vor einem schädlichen Seelengifft/sich zum fleissigsten hüten soll/so lieb jhm sein ewige Seligkeit ist.

Wohin das Heidelbergische Mandat gerichtet sey.

Nun ist das Mandat/so vnder Hertzogen Johann Casimirs/etc. Namen/in der Churfürstlichen Pfalz außgangen/von den Concipisten auff zweierley end gerichtet/dz Zwinglischen Samen dardurch widerumb in die Pfalz gefaßt. Dann in dem es die widerlegung deß Zwinglischen Irrthumbs in effectu vnnd im grundt/ernstlich verkrum/vnnd nicht leiden will/daß man die Zwinglische Irrthumen vnd Gotteslösterung auff der Cantzel melde/anziehe/vnd straffe: so ist dises die meinung/dz also das Zwinglische Vnkraut soll jmmer widerumb fortwachßen/vnd soll demselbigen nicht/durch Gottes Wort/gewöhret werden. Dann die Caluinische Theologi zweiffeln nicht daran/wann jhr Lehr(wie Gotteslösterlich sie sey) nicht mehr offentlich auff der Cantzel zur warnung/außgeruffen/vnd angetastet/so wollen sie nach vnd nach/selbige in der Churfürstlichen Pfalz widerumb einschlaichen: Vnd werde also diser jhr Pharisaischer Saurteig/nach vnd nach durchdringen/daß selbigem nicht mehr gewöhret werden könne. Fürs ander/da gedachtes Mandat/den reinen Predicanten dröwet ernstliche Straff/

wo

wo sie nicht werden parirn/ vnnd die Zwinglische Irrthumb
vnangefochten lassen/ist es von den Concipisten dahin ge=
meindt/daß sie hierdurch ein prætextum/vnnd ein scheinur=
sach haben mögen/die eiferigen vnd reinen Predicanten/auß
der Churfürstlichen Pfalt fürderlich abzuschaffen/vñ Cal=
uinische Wölff an jhr statt/ in den Schaaffstall Christi ein=
zuführen. Inmassen heutiges tags dises Mandat allberet
in der execution practicirt/vnnd ins Werck gerichtet würde
da man fromme/ gelehrte/ Christliche/ vnstraffliche/ reine/
fürneme Predicanten (die sich doch gantz bescheidenlich ge=
halten) abschaffet/gegen denen man kein andere vrsach fürs
wenden kan/dann daß sie dem publicirten Mandat nicht ge=
horsam leisten wöllen. Dagegen aber werden eingesetzt böse
verschlagene Caluinisten/wölche einestheils lang den Cal=
uinismum im Busen getragen / jetzt aber allererst denselben
bekennen: deren ettliche auch so erbare Leut/daß die Calui=
nische Kirchen Räht vor ettlichen Jaren/alß sie damain jre
Dienst in der Churfürstlichen Pfalt angebotten/selbige an=
zunemen (von wegen jhres verdächtigen vnd ärgerlichen le=
bens) bedenckens gehabt. Dise aber seind jetzt gut worden/
allein/weil sie nicht Lutherisch/sondern Caluinisch sein/ vnd
den Schalck besser/dann andere grobe Caluinisten / verber=
gen mögen.

Weil dann mehrgedachtes Mandat/ zu disem end conci=
pirt/vnd ins Werck gesetzt würdt/daß dadurch die reine Lehr
vnsers HErrn Christi/vom H. Nachtmal vntergetruckt vñ
nach vñ nach außgereuttet/dagegen aber die Zwinglische Ir=
thumi widerumb eingeführet/reine Lehrer vertriben/vñ grim=
mige Wölff in Christi Schafftall eingelassen: So kan kein
rechtuerstendiger Christ mehrgedachts Mandat loben:wann
gleich die Concipisten vñ Verthädiger desselben/ den künst=

*Das Heidelbergi=
sche Mandat kan
nicht entschuldiget/
oder mit gutem
Grunde defendirt
werden.*

C 3 lichsten

lichſten Maler Apellem/von den Todten erweckten/vñ jme
befelhen / diſes Mandat auffs allerſchöneſt / mit den aller-
lieblichſten Färblin herauß zuſtreichen. Vnd wann ſie gleich
ſelbigs mit Honig vnd Zucker condirten vnd einmachten/ſo
iſt es doch ein vnbefügt vnd ſchädlich Mandat : wie allbereit
die erfahrung gibt/vnd ſich in der That täglich mehr befin-
den würde. Darumb iſt der Caluiniſchen Theologen mühe
vnd arbeit alle vergeblich/mit wölcher ſie vilgedachts Mandat färben vnd mahlen. Der Allmächtig gütig Gott/wölle
dem Durchleuchtigen/ Hochgebornen / Fürſten vnd Herrn/
Herrn Johan Caſimir/Pfaltzgrauen bey Rein / Hertzogen
in Bayern/ꝛc. die Gnad deß H. Geiſts verleihen/ daß ſeine
F.G. dero Caluiniſchen Theologen Betrug / Liſt / Gleiß-
nerey/vnd Schalckheit erkennen lerne/vnd ſich von ſolchen
böſen verſchlagnen vnd falſchen Leuten/(wölche mit zweierley Sprachen reden/ auch kalt vnd warm auß einem Mund
blaſen) nicht lenger hinder das Liecht führen laſſe : ſondern
ſich vnſern H Errn Chriſtum (als den einigen höchſten Lehr-
meiſter vnd Propheten / den vns der himmliſch Vatter hören
heiſt) lehren laſſe/Amen.

Matth. 23.
Deut. 18.
Matth.17.

---

2. Bericht/ auff ettliche vnuerſchämb-
te Vnwarheitten / durch wölche die Caluiniſche
Theologen/die Leut hinders Liecht führen/vnd ver-
ſchuldige Chriſtliche Obrigkeit vnd Kirchendiener vnbillich be-
ſchweren.

Ob die Lutheri-
ſche Prediccanten
mit einem Pri-
mat ſchwanger
gehn

ICh will in diſen Puncten der ordnung / oder vilmehr
der Caluiniſchen Concipiſten vnordnung / die ſie in
jhrer Schrifft geführet haben/ ordenlich nachgehn.
Sie ſpotten aber bald am andern Blat ein Lügen/vnnd ſa-
gen

gen: Es sey keiner von den fürnemen Vbiquitets Lehrern/ «
der nicht mit einem newen Primat schwanger gehe/ vn nach «　X.2.fa.2.
dem Antichristischen vnsaubern Geist stincke.　Ich möcht «
aber wol wissen/wer vnder allen reinen Lehrern vnsers theils
jemals sich vber alle andere Euangelische Christliche Leh=
rer erhebt/vnd ein Gewalt oder Primat vber dieselbigen ge=
sucht hette? Daß aber fürneme Lehrer/die Göttliche War=
heit mit Mund vnd Schrifften/wider die Caluinisten (wöl=
che jr Gifft in der gantzen Christenheit außzugiessen vnter=
stehn) vertheydigen/vnnd die Christliche Gemeinen vor sol=
chen Wölffen warnen/das heißt noch lang nicht/einen Pri=
mat suchen/vnd nach dem vnsaubern vnreinen Antichristi=
schen Geist stincken. Als zur Apostel zeit vnter den Christen
ein Gezdnck entstunde/vber dem Articul von der Rechtfer=　Act.15.
tigung deß Glaubens: haben Petrus vnnd Jacobus/beide
Apostel/jhr Christliche meinung auß H.Geschrifft darge=
than/vnnd darauff (mit den andern anwesenden Aposteln)
wider die falsche Apostel ein Decret gemacht/vñ in Schriff=
ten verfasset: damit der falschen Lehr gewöhret würde.　So
höre ich wol/Petrus vnnd Jacobus (nach der Caluinisten
meinung) sein mit einem newen Primat schwanger gangen/
vnd haben nach dem vnsaubern Antichristischen Geist ge=
stuncken? Paulus hat auß der Statt Philippen (vber Land)
gehn Corinthen geschrieben/vnnd den Jrrthumb/wölcher
daselbsten einreissen wolte (daß/ nämlich/ettliche kein Auff=　1 Cor.15.
erstehung der Todten glaubten) außführlich widerlegt. Jo=
hannes der Euangelist vnd Apostel/hat in seiner Epistel ge=　1.Joa 1.2 4.5.
strafft den Jrrthumb deren/die nicht glaubten/daß der Son
Gottes hette menschliche Natur angenommen: wölche auch
fürnämlich die Gottheit Christi laugnet. So müssen(nach
der Zwinglianer meinung) S.Paulus/vnnd S.Johannes/
　　　　　　　　　　　　　　　　　　　　　　　　mit

mit einem newen Primat schwanger gangen sein/vnd nach
dem vnsaubern Antichristischen Geist gestuncken haben?
Die Caluinisten wöllen jre Jrrthumm allenthalben außsprengen: vnd wöllen dannoch darüber vngestrafft sein:das heißt
mit einem Bäpstischen newen Primat schwanger gehen/
vnnd nach dem vnsaubern Antichristischen Geist stincken:
Gleich wie der Bapst auch in seinem Decret brüllet/vñ sagt:
Distin. 40. Si Papa, &c. Wann er gleich mit sich vil tausent Seelen ins höllisch Fewr führe / so soll jhn dannoch
kein Mensch auff Erden darumb straffen. Darumb mögen
die Caluinisten jren newen ertichten Primat/ sampt jhrem
stinckenden vnsaubern Antichristischen Geist/ jhnen selbst
behalten/ vnnd ehrliche trewe Diener Christi darmit vnbe-
schmißt lassen.

Wölcher gestalt
die Caluinisten/
Magistrum Baltha-
sarum Bidenbach/
Probst zu Stut-
garten/ seligen/
Calumnirn.
A. 3. fa 1.

Die Caluinische vntrewe Warner / werffen mir (als zu
einer warnung) für / den Ehrwürdigen/Hochgelährten
Herrn/ M. Balthasar Bidenbach/ Probst zu Stutgarten/
seliger Gedächtnüß/von dem sie schreiben / daß er Anno/rc.
76. vnnd 77. auß seinem Beruff geschritten/ vnschuldige
fromme Kirchen vnnd Schuldiener in der Churfürstlichen
Pfalz vnuerhört zuuerdammen / vnd wegen deß zugemesse-
nen Caluinismi zuuerbannen sich vnderwunden/ vnnd ein
elenden außgang gewonnen. Die sachen aber sein also ergangen. Als Pfalzgraue Ludwig/ Churfürst/ Christselig-
ster gedächtnuß/die Churfürstliche Pfalz von dem Zwinglischen Saurteig widerumb zureinigen fürgenommen: Haben S. Churf. G. von meinem Gnädigen Fürsten vnnd
Herrn/ Hertzog Ludwigen zu Würtenberg/rc. zu gedachter
Reformation einen Theologum auß dem Fürstenthumb
Würtenberg begeret. Darauff S. Churf. G. obgemelter
M. Balthasar/ Probst zu Stutgarten zugeschickt worden;
der

der sich zu solchem Werck keines wegs eingetrungen oder
angeworffen / vnd also keines wegs auß seinem Beruff ge=
schritten. Was nun die Caluinisten jme/vnd seinem Colle=
ge (der auch ein Würtenbergischer Kirchendiener gewesen)
in ettlichen Monaten zu Heidelberg für trew vñ gutthaten
bewisen/das werden sie/ sonders zweiffels am besten wissen/
das weis ich aber wol / daß gemelter sein Collega/ zu seiner
widerheimkunfft in ein tödtliche Kranckheit gefallen / vnnd
niemandt darfür gehalten / daß er derselben widerumb auff=
stehn würde. Hernach hat sich M. Balthasarus auch (nach
seiner widerheimkunfft) vbel im Leib vnd Haupt befunden:
derwegen er auch Artzney gebraucht/ wölche aber nicht zu
widerlangung seiner vorigen Gesundtheit/ erschiessen wöl=
len: also daß er sich gar zu Bett legen müssen. Vnd als er
befunden/ daß sich mit der zeit ein Blödigkeit seines Haupts
erzeigen möchte/ vnd ein Melancholy bey jm ansetzen wolte:
hat er/ noch bey gar gutem richtigen verstande / ehrliche für=
neme Leut (neben ettlichen Kirchendienern) zu sich erfor=
dert/ vnd vermeldet/ nachdem er sich in seinem Haupt je len=
ger je übler befünde/ vnd besorgen müste/ daß er in ein schwe=
re Hauptsblödigkeit gerhaten möchte/ wolte er hiemit zuuor
sein Christliche Bekantnus seines Glaubens thun/ bey de=
ren er gedächt zuleben/ vnnd (nach dem gnädigen willen sei=
nes himlischen Vatters) selig zusterben. Hat derwegen of=
fentlich vor allen gegenwürtigen Personen bekannt/ daß er
bey seiner Christlichen Lehr/ die er / so lang er im Ministerio
gewesen/ geführt/ vermittelst Göttlicher Gnaden/ biß an sein
end/ bleiben wolte. Deßgleichen/ was er in der Reformation
zu Heidelberg gehandelt / darüber hette er so gar kein be=
schwerd in seinem Gewissen/ daß er sich vor Gott schuldig
erkeilte/ er solte noch mehr gethan haben. Darauff hat er das

D   hoch=

hochwürdig Abentmal vnsers HERRn Jesu Christi/ mit
Christlicher andacht vnd demut empfangen/ vnnd sein Leib
vnd Seel in die gnädige Hand seines himlischen Vatters
demütigklichen befohlt. Deß volgendt tags hat das Hauptwehe vñ Melancholy starck angesetzt/vnd hat er ein tag vmb
den andern/paroxismos Melancholicos gehabt/wie ein
dreytäglich Fieber zuthun pfleget. Wiewol nun in ettlichen
Wochen/weil dise Melancholici paroxismi gewehret/aller-
ley mit Artzneien versucht worden/so haben doch seine Leibs-
kräfften/je lenger je mehr abgenommen/biß er endtlich sanfft
vnd still im HErrn entschlaffen/also rhüwig/daß die Perso-
nen/so vmb jhne herumb gestanden/nicht eigentlich mercken
können/wann jme die Seel außgangen.

Zweiffelt derwegen frommen Christen nicht/ (welche jne
vil Jar gekennet/ vnd von seinem trewen/grossen fleiß/ den
er im Kirchendienst vil Jar angewendet/zeugen können)
er sey seliglich gestorben/vnd durch den Todt ins Leben hin-
durch getrungen. Daß nun die Caluinische vntrewe War-
ner/disen frommen/redlichen/Gottsfürchtigen/vnd Hoch-
gelehrten theuren Mann(auch nach seinem tode) nit rhuwen
lassen/sondern seine Haupts vñ Leibsblödigkeit auffs aller-
ergst außlegen:vnangeseht/dz damaln im gantzen Teutsch-
land/die Melancholici morbi gar gemein gewesen:darauß ist
jr Geist vnd brüderliche (ja lieberliche) Liebe/deren sie sich
immerdar souil vnd hoch (one Grundt der Warheit) rhü-
men/zuerkennen. Vnnd solten sie billich gedencken/daß sie-
den Todt noch nicht vberwunden: sondern jren ettliche (weil
sie so mutwillig/wider jr Gewissen/die reine Lehr widerfechten) noch wol bey gesundem Leib/vnd one Hauptwehe vnnd
Melancholy/mögt dem Francisco Spierg nachfolgen:wöl-
ches ich jnen nicht wündsche.Der allmächtig wölle auß jnen
bekes

bekeren / wer zubekeren ist/vnnd noch nicht zum todt gesün: 1.Joan.5.
digt hat.

Die Heidelbergische Caluinisten geben auch für / daß die
Theologen in der Neuburgischen Obern Pfalk/Anno/2c.
76. sollen Doctorem Iacobum Andreæ, Probst zu Tübin-
gen/da er die Vbiquitetische Formulam herumb getragen/
ermahnet haben/er handle wider seinen Beruff/solte seines
Ampts daheimen außwarten : dann er kein Apostolischen
Beruff/weder mit Schrifften noch Wunderwerck köndte
beweisen/2c. Nun weiß ich mich wol zuerinnern / daß ein solche Schrifft/vnter der Neuburgischen Theologen Namen/
von den Caluinisten vmb dieselbige zeit vmbgeschleifft wor-
den/mit deren sie sich auch wol gekützelt. Als aber der vrsach~
gen Neuburg geschriben/vnd Berichts begert/wie die sachen
mit gedachter Schrifft beschaffen:Haben sich selbige Theologen zum höchsten entschuldigt/ daß sie gemelte Schrifft
nicht gestelt/sonder vnder jrem Namen fälschlich/wider jren
willen/von bösen Leuten / were spargirt worden. Innmassen
auch hernach vnter Doctoris Heshusij namen/ ein schändeliche Schmach vnnd Lösterschrifft/wider Doctorem Iacobum Andreæ, Probst vnd Cantzlern zu Tübingen/außge-
sprengt worden. Auff welche hernach D.Heßhusius ein offentliche Schrifft in truck außgehn lassen / darinn er ange-
zeigt/daß gedachte Lösterschrifft nicht von jhme gestelt / sondern von einem gifftigen vnuerscheinbten Caluinisten er-
dichtet vnd außgebreitet worden. Derhalben die Haydelber-
gische Caluinisten / mit anmeldung obgedachter New-
burgischen Schrifft/ wol daheim gebliben wehren. Dann
man darauß zusehen/wie redliche Leut etliche Caluinische
Schreibenten sein/wölche dürffen schändeliche Schmach-
schrifften außsprengen / vnter dem Namen deren Leut/
denen solche ding in ihr Hertz nie kommen ist.   Dieses

Q 3 f. 2.
Ob die Neubur-
gische Theologen/
Doctori Iacobo
sein fürhaben (die
Formul in Con-
cordiæ betreffend)
verwisen haben.

D 2   seind

seind aber nicht Theologische Werck / sondern grosse Bu-
benstück/wail man Teutsch dauon reden/vnd das Kind mit
seinem rechten Namen nennen soll.

Ob die Christliche
Predicanten in
der Churfürstli-
chen Pfaltz / auff-
rhürisch/vnd vn-
gestüm predigen.
A. 4. fa. L

Es geben die vntrewe Gegenwarner auch für/vber vnnd
wider die trewe reine Prediger in der Churfürstlichen Pfaltz:
als ob alle tag auß allen Emptern / von den armen Vnter-
thanen/vñ zum theil von den Amptleuten/ Klagen fürkom-
men/vber das vnbefügt auffrhürisch schreien vnd löstern viler Prediger. Dise vermeindte Klag führen die Caluinische
Concipisten an villen orten in irer Schrifft: wie sie auch ettliche ort mit Namen benennen/an wölchen solche vnbescheide-
denheit soll von den Predicanten geübt worden sein. Nun
kan ich nit wissen/was ein jeder Predicant in der Churfürstlichen Pfaltz auff der Cantzel rede: wie ich auch vnbeschoide-
nes vnd auffrhürisches schreien(da dem also were) nicht könte loben. Wann aber der guthertzigen Vnterthanen in der
Churfürstlichen Pfaltz / Klagen/ solten gehört werden/
halt ich darfür/sie würden nicht vber ire Euangelische reine
Kirchendiener/sonder vber die jenigen klagen/die inen grosse vertröstungen gethan/ daß in der Churfürstlichen Pfaltz/
in Religions sachen/einige enderung nicht solte fürgenommen werden : vnnd aber denselbigen zuwider/in wenig Wo-
chen/die Vnterthonen irer trewen Hirten beraubt/ Wölffe
an derselben statt eingesetzt/den reinen Catechismum Lutheri abgeschafft/ vnnd die Caluinische falsche Lehr widerumb
(wider ir hieuorig versprechen) eingeführet. Da auch gleich
ettwo ein Kirchendiener oder zween / oder auch mehr/iusto
dolore/vnd auß eifer wider die greuliche Zwinglische Ver-
wüstung der Christlichen Kirchen / in der Churfürstlichen
Pfaltz/ scharpff vnd hitzig geredt hetten / wer wolt es einem
auch

auch ſo hoch verargen? Dann wölcher eiferiger rechtuer-
ſtendiger Chriſt/kan mit kaltſinnigkeit von ſolcher Zerüt-
tung vnd zerreiſſung des Paradiß Gottes/in der Churfürſtlichen Pfaltz/nur hören: ich geſchweig/ ſelbige tdglich vor
augen ſehen? So zweifelt mir auch nicht/ daß ettliche Caluiniſche Amptleut (wölche keinem reinen Diener Gottes/
diſe acht jar her jemals hold geweſen) mit gnug (der frommen reinen Predicanten halben)gen Hofe berichten/ biß ſie
dieſelbigen endtlich außbeiſſen: vnnd iſt nichts newes/ daß
der Wolff vber das Schaaff klagt/ es hab jme das Waſſer
betrübt: wann es gleich allerdings vnſchuldig iſt. Wie man
auch ſonſten ſagt im Sprichwort: Vt canem cedas, facilè
inuenias baculum. Was die Caluiniſten auff der Contzel
wider die reinen Lehr löſtern/ das iſt nichts zuuil. Wann aber
fromme Prediger/ warnungs weiſe/ ettwas reden/ſo iſt das
Feur gleich im Tach. Vnnd iſt mir nichts ſeltzams an den
Heidelbergiſchen Caluiniſchen Theologen/daß ſie die Sachen amplificirn/ vnnd auß einer Mucken ein Elephanten
machen. Dann wann ſie/vnnd jhres gleichens Caluiniſche
Scribenten/ an der erſten Lügen geſtorben weren/ ſo
hetten wir vil Jar her/ guten friden vor jhnen gehabt/vnnd
hette nicht vil ſchreibens/ wider vnnd gegen einander bedürfft.

Sie geben auch vns Lutheriſchen ſchuld/wir ſtreiten für
die Abgötter: wir thun der Abgötterey/ſo der Bapſt mit den
runden Hoſtien treibt/die Thür auff. Das meinen ſie alſo:
als ſolten wir mit vnſer Lehr/ vom H. Nachmal die Abgötterey in der Papiſtiſchen Meß befürdern vnnd beſtettigen.
Nun weiſt menniglich/ daß von vnſers theils Theologis/
mehr/gründtlicher/ vnnd mit beſſerm eifer bißher wider die
Päpſtiſche Abgötterey (ſonderlich aber wider die Päpſtiſche

X. 4. fa. 2.
Ob die Luther-
ſche Predicanten
für die Abgötter
ſtreiten/

D 3   Meß)

Meß) geschriben vñ gestritten worden/daß von den Zwinglianern beschehen. So weist auch menniglich / daß wir es
mit den Papisten nicht halten/da sie glauben/das Brot werde in den Leib Christi verwandelt. Sie (die Calvinisten)
wissen auch/daß wir das H. Sacrament nicht anbetten: sondern selbigs mit gebürlicher Reverentz vnnd andacht empfahen. Dann wir lesen nicht in den Euangelisten/ dz die Jünger Christi am Abentmal auffgestanden/vnnd das Sacra-
ment/so inen Christus dargereicht/angebettet haben. Dann
die Sacramentliche vereinigung deß Leibs Christi mit dem
Brot/ist nicht ein Persönliche vereinigung/wie die Gottheit
vnd Menschheit in Christo miteinander persönlich verein-
get sein/vnd in alle ewigkeit vereiniget bleiben. Auch hat der
HErr Christus zu seinen Jüngern im letzten Abentmal nit
gesagt: Dises bettet an: sondern er hat gesagt: Nemet/ esset.
Darumb kommen wir disem befelch Christi nach/vnd betten
nicht das Sacrament/sondern den HErrn Christum an: der
auch ausserhalb deß Sacraments/ seiner Christlichen Kir-
chen/vnd also allen Glaubigen (vermög seiner verheissung)
gegenwertig ist. Darumb ist es ein mutwillige boßhafftige
Calumnia / da vns dise Calvinische Scribenten beschuldigen / als solten wir die Bäpstische Abgötterey/so sie in/oder
ausserhalb der Meß begehen/verfechten/befürdern / oder be-
stettigen. Es ist aber den Calvinisten nit seltzam/ daß sie vns
vñ die Papisten/für einerley Abgöttisches Volck halten vnd
außruffen: wie sie auch vnser gern/wie auch der Papist/ loß
weren/vnd leiden möchten/daß wir sie in der Welt nicht lang
irreten. Derwegen sie vor etlichen Jharen zu Antorff in
einem Aufflauff geschrihen : Man soll die Papisten zu tod
schlagen / vnnd die Martinisten vtiagen. Vnnd ist der
Calvinisten Eifer wider die runden Ostien (die allein

Mat.13.28.

Papisten tod
schlagen: Marti-
nisten vtiagen.

jtı-

zureichung deß H. Abentmals/vnd gar nicht zur Pdbstischen
Meß gebraucht werden) sehr groß/hitzig/feurig/vnd Sera-
phisch. Dann als vor etlichen wenigen jaren/der Pfarher
zu S. (der mir wol bekant)im Niderlande ein Heerprediger
gewesen/vnd vngefährlich/etliche Caluinisten in sein (deß
Pfarhers) Losament kommen/vnd in einem Büchslin etli-
liche runde kleine Particul gefunden / wölche der Pfarher
mit sich geführt/dz er seine Kriegsleut (da einer kranck würde) mit dem H. Abentmal köndte versehen: Haben die Caluinisten selbige runde Particul / auff die Erden geworffen/
sein mit Füssen darauff gesprungen/habens zertretten / auch
ire Seitenwöhren vnd Tolchen außgezuckt/vnd dermassen
(auß lautter Christlicher Lieb/vn Zwinglischem eyfer) getobet / daß sich der Pfarher anderst nichtversehen/dann sie
würden jne erstechen. Der Allmächtig Gott wölle vns vor
der Caluinisten wütigem eyfer/vn vor deß Bapsts Blutgi-
rigen Practicken bewaren.

Exempel eines Caluinischen Eyfers.

Sie geben ferner für: Es gelte die Concordia der treffli-
chen Männer/Lutheri, Melanthonis, Buceri, Capitonis,
vnerwogen / wie hoch vnnd hart dieselbig Concordia be-
theuret worden / nichts mehr/wo mann sich nicht zu der
Vbiquitisten vnnd Flaccianer Concordi bekennet. Hie reden
sie on allen zweifel von der Concordi/wölche zu Wittemberg
An. 2c. 36. zwischen Luthero vnd Bucero auffgerichtet worde.
Vnd spacieren allhie dise Caluinist / neben der warheit/auff
zweien wegen. Dann erstlich geben sie für / als ob wir vnsers
theils gedachte Concordi verwerffen/ vnd nicht mehr gelten
liessen. Das ist die erste Lügen. Zum andern/stelle sie sich/als
ob sie obgedachte Concordi durchauß/in allen Puncten ange-
nommnen/vnd dieselbige jnen warhafftig gefalle liesse. Das
ist die ander Lügen. Dann so viel die erste anlanget / weiß
man

B 1.f.2.t. Ob die Concordia (zwischen Luthero vnd Bucero/ Anno/2c 36. zu Wittemberg auffgerichtet) von vns verworffen/ vnd von den Cal-uinisten angenommen worden.

menniglich/dz wir die obgemelte Formulam/ (so Anno/ꝛc.
36. zu Wittemberg auffgerichtet worden) wider die Caluini-
sten/bißher vertheidiget/vñ vns von derselbigen nit habt treiben laſſen. Vnnd ob wol der Sacramentirische Schwarm
im Concordi Buch weitlaufftiger / vnd auß führlicher wi-
derlegt/so benimpt doch solche Außführung/der obgedach-
ten Concordien nichts vberall: sondern bleibt einen weg / wie
den andern in jhren Krafften. Wie auch die Augspurgische
Confeſſion: deren gleichsfals durch das Concordi Buch
nichts abgesprochen / sondern vilmehr dardurch confirmirt
vnd beſtettiget/vnd in jrem rechten reinen Verſtandt erhalten würde. Souil dann jr andere Lilgen anlangt/wiſſen ſie
die Caluiniſten/ gar wol/ daß die fürnembſte Zwinglianer/
ndmlich/die Zürcher/ (wie auch andere Zwinglianer mehr)
die Formulam (so zwiſchen Luthero vnnd Bucero auffgerichtet worden) nie annemen wöllen: Wie Lauaterus (ein
Caluiniſt) in seiner Historia außtruckenlich schreibt. So iſt
auch dieselbige Formula also geſtellet/daß ſie kein Caluiniſt
vnterschreiben kan/er wölle dann seinen Caluiniſchen Irrthumb fallen laſſen/oder aber/ er wölle mit falschem Hertzen
vnterschreiben : wie Arius endtlich das Nycęnum Concili-
um vnterschriben hat. Dann in gemelter Formula/ ſtehen
„ dise lauttere wort: Daß mit dem Brot vnnd Wein
„ warhafftig vnd wesentlich zugegen sey / vnnd dargereicht/
„ vnd empfangen werde/ der Leib vnnd das Blut Chriſti.
„ Vnnd bald hernach stehen dise wort: Daß auch den Vn-
„ würdigen warhafftig dargereicht werde der Leib/
„ vnd das Blut Chriſti/ vnnd die Vnwürdigen war-
„ hafftig daſſelbig empfahen/ so man deß HERrn Ein-

satzung

-faßung vñ Befehl helt. Dise beide Stück köñen die Caluinisten nit annemen (dann es seind eben die Hauptpunctē/ vber
wölchen wir wider einander streitten) sie wöllen dann ein anders reden vnnd schreiben / dann sie im Hertzen haben: wölches zwar bey jnen nicht seltzam ist. Hetten nun die Zwinglianer mehrgedachte Formulam Concordiæ angenoñ̃en/
oder wölten dieselbige noch von Hertzen annemmen: so were
in disem Stritt/der Sachen schon geholffen. Das thun sie
aber nicht/sondern lehren/schreiben vnnd vertheidigen halß-
starrigklich das Widerspil / dessen/ das in vilgedachter Formula Concordiē/von Luthero vnnd Bucero vnterschriben
ist/darumb ists ein grosse Boßheit/daß sie mit falschem Hertzen vnter selbige reine Formulam schlieffen / vnnd also
die Kirch Gottes mit Gleißnerey betriegen/ vnnd blenden
wöllen.

Sie Fabuliren auch ferners/ daß der fromme Churfürst/
Pfaltzgraue Ludwig/lobseligster gedächtnus / zur Subscription der Formulæ Concordiæ/ gleich genötiget worden.
Nun ist das Werck der Concordi damaln angefangen worden / da höchstgedachter Churfürst / Pfaltzgraue Ludwig/
noch nicht in der Churfürstlichen Regierung gewesen : Es
haben aber dannoch jre Churf. G. auch damaln ein groß gefallen daran gehabt/ vnd andere Potentaten gebetten/daß sie
mit selbigem Werck fortschreitten wolten. Hernach aber
als es an dem gewesen / daß es vnterschriben/vnd durch den
Truck pubicirt werden sollen: haben sich ettliche Leut starck
in den Weg gelegt/ vnnd jr eusserst vermögen versucht/daß
sie S. Churf. G. möchten von vnterschreibung deß Concordi Buchs abhalten. Dieweil aber S. Churf. G. nie bedacht gewesen/ sich von selbigem Christlichen Werck abzu-
söndern/ vil doch S.Churf.G.allerley Scrupuli von denen

B. 4 fa. t.
Ob der Churfürst
Pfaltzgraue Lud-
wig/seligster ge-
dächtnuß/zur sub-
scription der For-
mulæ Concordiæ
getrungen wor-
den.

E   Leuten

Leutten eingeworffen worden/wölche es zuuerhindern begerten/haben vil vnd höchstgedachte S. Churf. G. ein zeitlang ettwas an sich gehalten. Als aber die publication notwendig/ vnnd nicht lenger auffzuhalten war: ist von S. Churf. G. begert worden/sie solten sich allein resoluirn/ob sie jren Namen im Concordi Buch haben wolten/oder nicht: damit man köndte mit der Publication derselben ein weg wie den andern/fortgehen. Darauff/S. Churf. G. sich endtlich resoluirt/vnd in die Publication des Concordi Buchs (auch vnter jhrer Churf. G. namen) gnädigst bewilligt. Darumb/ wann die Caluinisten fürgeben/daß S. Churfürst. G. zur Subscription gleich genöttiget worden/so sparen sie die Warheit/wie zwar jnmerdar jr gebrauch ist. Wie/wann ich aber sie hinwiderumb fragte/wer den Caluinisten disen Gewalt gegeben/daß sie (wider das Churfürstliche Testament) den jungen gebornen Churfürsten/mit Gewalt/vnd wider seinen willen/in die Caluinische Predig zwingen? daß er muß (mit weinenden Augen) der Caluinisten falsche Lehr vnd Lösterungen anhören: vmnd dagegen nicht mehr jm gestattet würdt/die reine Prediger des Göttlichen Worts zu hören. Wie sie dises vor Gott vnd der Welt verantworten wöllen/das gib ich jnen zutreffen.

Es bemühen sich die Caluinische Concipisten sehr/die Leut zubereden/als ob in der Churfürstlichen Pfalz allein die Kirchendiener abgeschaffen werde/die eintweder vberflüssig gewesen/oder gegen denen man sonsten wichtige vnd erhebliche vrsachen gehabt. Gleich als ob man nicht ein vrsach ab einem Zaun brechen köndte/wann man reine prediger verstossen will. Sie vrlauben täglich einen nach dem andern/vnnd schieben Caluinist an die Lücke/das weißt in der Churfürstlichen Pfaltz das Kind auff der Gassen: vnnd erfahrens die
arme

Der junge Churfürst würde gezwungen/Caluinische Prediger zuhören/vnd reine Prediger zumeiden.

B. 4 fa 2.
C 1. fa. 1.
Ob in der Churfürstlichen Pfaltz allein die vberflüssige vnd vngesäumme Prediger abgeschaffen werden.

arme Vnterthanen mit kläglichen seufftzen vnnd weinen.
Dannoch wöllen dise Erbare Gesellen alle Welt eines andern bereden: als ob man jhren Proceſſum nicht verstünde.
Dann solten sie alle reine Predicanten auff einmal hinweg
jagen/besorgē sie villeicht/diß Gepolder möchte zu laut sein/
vnd den Christlichen Potentaten ein seltzam nachgedencken
machen. Zu dem/glaub ich/daß jnen auch dises im weg stehe/
daß sie nicht getrawen/in einer eil souil Zwinglische Predicanten zubekommen/mit denen sie die Kirchendienst besetzen
könten/ Wie ich dann glaubwürdig bericht worden/dz in der
ersten Zwinglischen Reformation der Churfürstliche Pfaltz/
Schuster/ Schneider / Roßteuscher /Würtzkrämer/ Ha-
ckenschützen/Stockfisch Händler/Fänderich/rc. für Predicanten angenommen vnd auffgestelt worden sein sollen.

Es haben sich auch die Caluinisten jhrer Disputation/so C. t. fa. t.
sie zu Heidelberg newlich gehalten/nit hoch zurhümen. Daß Caluinische Disputation zu Hei-
delberg.
wie der Præsident/Doctor Ioannes Iacobus Gryncus, damaln bestanden/werden in kurtz ettliche Schrifften/so publicirt werden sollen/gnugsam anzeigen. Souil weiß ich/daß
nach vollendter Disputation ettliche Personen/(Edel vnnd
Vnedel) so derselbigen beygewohnet/vnd zuuor Caluinisten
gewesen/sich offentlich vernemmen lassen/daß sie die tag jres
lebens sich für der Caluinischen Lehr forthin hüten wöllen.
Darumb es dann/der Caluinisten halben / nicht vbel ange-
sehen worden / wann ein Lutherischer wider den Caluinischen Præsidenten opponirt vnnd disputirt hat: der Præsi-
dent aber nicht gewußt/wo hinauß/daß alßdann dem Lutherischen Opponenten silentium imponirt / vñ er schweigen
hat müssen/vnangesehen/daß jhm auff sein Argument noch
nicht gnugsame Antwort erfolget. Darumb ist es ein
schlechte Gnad/daß die Caluinisten ein solche Disputation

zum schein/gehalten haben:nachdem sie allbereit ettliche fúr-
neme Kirchendiener verjagt/vnd jetz nach derselbigen ferner
einen Pfarzhern nach dem andern/ mit Weib vnd Kinden/
hinauß ins elend stossen.

C.1.fa.1.
Warumb die Lu-
therische Theolo-
gi kein newe Di-
sputation mit den
verstockten Caluis
nisten angestellet.

Daß aber in der Christlichen Reformation der Churfürstlichen Pfaltz/die Theologi/so darzu verordnet gewesen/
sich nicht in vnnöttige Disputationes mit den Caluinisten
einlassen wöllen/ist jnen nicht zuuerargen gewesen. Dann
es ist bißher vil vnd gnug/mit den halßstarzigen Caluinisten
disputirt worden: hat doch bey jnen wenig Frucht geschafft.
Da aber jemandts hette freundtlichen Christlichen Bericht
wöllen einnemen/ were jhm selbiger gewißlich auffs getrew-
lichst mitgetheilt worden.

C.1.fa.1.
Ob die Caluini-
sche Prediganten
vor ettlichen Ja-
ren so vnbeschei-
denlich von jren
Diensten (als
fúrgeben würdt)
verstossen wor-
den.

Sie klagen auch/ daß vnter Pfaltzgrauen Ludwigen/
Churfürsten/Christseligster gedächtnuß/ Christlichen Re-
formation/mancher Pfarzher: hab mitten in der nacht ernstliche Befelch empfangen/daß er den Pfarzhoff alsbald raumen solte. Diß mag villeicht war sein/oder nicht: Wer wolt
aber damals bey der Cantzley zu Heidelberg gewüst haben/
ob der Befehl den Pfarzhern vmb Mitternacht/ oder am
Mittag würde antreffen. Vnd ist wol müglich/daß solches/
on alle gefahr vnnd fürsatz/ ein einigsmal sich begeben hab.
Darauß machen die Concipisten gleich als ein General.
Daß auch ettliche Befehl villeicht ettwas ernstlicher gestelt
worden/ ist der Caluinischen trutziger Geist daran schuldig
gewesen. Daß mir wol wissend/ daß vnter den Caluinischen
Theologen/einer/ nicht auß der Pfaltz weichen wöllen (vn-
angesehen/ daß jhm sein Vrlaub zeitlich vnnd bescheidenlich gnug angekündet) biß der fromb/ vnnd sonst
sanfftmütig Churfürst / selbst jhm zugeredt / vnnd gesagt:

vnd gesagt : Wann er nicht fort wölle/so werden seine Chur.
G.jm müssen Füsse machen. Vñ da den Caluinisten were zu
gesehen worden/hettẽ sie sich/(mit mehrerm Verderben der
Kirchen Gottes) jrem angebornen Lands vnd Churfürsten
zu trutz/in der Churfürstlichen Pfaltz/vnd bey den Pfartzen
in die leng auffenthalten/vnd den reinen Kirchendienern/die
man bey der hand gehabt/nicht platz vnd raum gegeben. Mitt
was Gelindigkeit aber vnd Bescheidenheit vor etlichen Jaren in der Caluinischen Reformation gegen den reinen Lehrern vnd Pfartzern verfahren/weißt man auch wol. Ich bin
glaubwürdig berichtet worden / daß ettliche Kirchendiener
damaln vnter den Galgen geführet / vnd daselbsten jnen das
Vrlaub verkündigt worden. Dem Pfartzern zu D. ist in einer vierteil Stund das Pfartzhauß zu raumen gebotten worden. Vnd ob er wol damaln ein kranck Kindlin gehabt / das
in den letsten zügen gelegen/hat er doch nit so lange Dilati-
on vnd Auffzug erlangen mögen/biß das arme Kindlin seinen Geist auffgebe : sondern hat also / in seinen letsten zügen
müssen auff die Gassen herauß getragen werden : da es dann
gestorben/ ehe es in eins Nachbaurẽ Hause gebracht werden
mögen. Vñ zu Befõrderung deß außziehens (damit der gut
fromme Pfartzher desto weniger mühe haben müsse) seind jm
seine Bücher zum Fenster hinauß auff die Gassen geworf-
fen worden. Solche Exempel der Caluinischen Sanfftmut
vnd Bescheidenheit hetten die Concipisten bey sich betrach-
ten sollen/so würden sie villeicht jr vnnotwendige Klag (von
den ernstlichen Befelchen/ so zu Mitternacht vberantwort
sollen sein) eingestellet haben.

Es bemühen sich die Caluinische Theologi sehr/mä-
niglichen zubereden/als ob die Chur vnd Fürsten der Augs-
spurgischen Confession/in die Condemnation oder verdam-

C 2. fa 2.
C 3 fa 1.2.
C. 4. fa 1 2.

E 3   mung

Ob den Chur vnd Fürsten Augspurgischer Confession die Verwerffung vnnd Verdammnung der Zwinglischen Lehr zuwider.

mung der Zwinglischen Irthumb nie einwilligen wöllen: Zühen sich in disem Puncten auff den Franckfurtischen vnnd Naumburgischen Receß / vnnd auff ein Vergleichung / wölche zwischen dem in Gott seliglich entschlaffenen Churfürsten/Pfaltzgraffen Ludwigk/seligster Gedächtnüß/ vnnd Hertzogen Johann Casimiro/rc.soll vor etlichen Jharen auffgerichtet worden sein/daß nämlich/ die Condemnationes oder Verdammungen der Caluinischen Lehr solten eingestellt werden.Geben auch für/als solten die Chur vnnd Fürsten fälschlich beredt worden sein/daß in dem Concordi Buch kein Condemnation der Caluinischen Kirchen begriffen seie:Vnd bilden den Leuten ein / als ob es nunmehr etliche vorneme Fürsten vnnd Rhät gerauwen hette/ daß sie sich ins Concordi Werck eingelassen : als die mit dem Concordi Buch jren Scopum der gewünschten Concordi nicht erreicht/sondern in grossen Vnkosten / vnnd weitere Trennung geführt sein solten.Vnd muß endtlich auch Doctor Heshusius jnen zu hülff kommen/ der sich beklagt/ daß er vnnd die Nidersächsische Kirchen durch die im Concordi Buch versteckte Vbiquitet betrogen.rc. Was nun den Franckfurtischen vnnd Naumburgischen Receß anlanget/weißt man wol/daß damaln die Chur vnnd Fürsten nicht für rahtsam angesehen/ daß in dieselbigen Abschid ein offentliche Condemnation oder Verdammung deß Zvvinglianismi gesetzt würde.Vnd haben damaln jre Chur vnnd Fürstliche Gnaden jre sondere Vrsachen (etlicher Hoher vnd Fürnemer Personen/ auch anderer Vmbständ halben) gehabt. Daß aber jrer Chur vnnd F.G. Meinung gewesen/ daß der Zvvinglianismus jmmerdar solte vnuerdambt vnnd vnuerworffen fort passirn / vnnd vnter dem Namen der Augspurgischen Confession propagirt vnd fortgepflantzt

gepflantzt/vnnd von den reinen Theologen nicht solte wi=
derlegt vnd verdambt werden/ das ist den Christlichen Chur
vnnd Fürsten in jren Sinn nie kommen: das weisen jre an=
dere Handlungen in Religions sachen gnugsam auß. Vnnd
ist wol müglich/ vnnd glaublich/ wann etliche Chur vnnd
Fürsten (auff dem Franckfurtischen vnnd Naumburgi-
schem Tag) jhre Caluinische Rhät vnnd Theologen so
wol gekennet hetten/ als sie selbige hernach erkennen lernen/
es möchten beide bemelte Abschid also formirt vnnd gestellt
worden sein/ daß die Caluinisten sich dero wenig würden
berhümbt haben: Wiewol auch also die bemelte beide Ab=
schid (wann sie in dem Verstand/ den der Buchstab an jm
selbsten gibt/ angenommen werden) den Caluinisten nicht
fürstendig sein. Daß aber seidher Höchst vnnd Hochge-
dachte Chur vnnd Fürsten souil erfahren/ daß die Verdammung deß Zwinglischen Irthumbs lenger nicht ein-
zustellen/ sondern ein grosse vnnd vnuermeidenliche Not-
turfft/ diß beweisen jhrer Chur vnnd Fürst. G. eigne Na-
men/ die sie mit eigen Handen vnter die Originalia deß
Concordi Buchs verzeichnet/ vnnd mit jhren Chur vnnd
Fürstlichen Secreten confirmirt vnd bestettiget. Vnnd
wann dise Caluinische Scribenten die Leut eines andern
bereden wöllen/ so thun sie im Grund nichts anders/dann
daß sie den Leuten wöllen die Augen außreissen/ daß sie
nicht sehen sollen/wölche Chur/ Fürsten/ vnnd Ständ/
wissentlich vnnd wolbedächtlich/ dem Concordi Buch
vnterschrieben/ vnnd in demselbigen den Zwinglischen Irthumb verworffen vnnd verdampt haben. Vnnd ob
gleich (durch etlicher/ zum theil Caluinischer Rhät Vn-
derhandlung) vor etlichen Jaren zwischen höchstgedachtem

Pfaltz

Pfaltzgrafen Ludwigen Churfürſtē/ſeligſter Gedächtnuß/
vnd Hertzog Johann Caſimiro ꝛc. etwas fürgeloffen ſein
möchte/ die Condemnationes einzuſtellen : ſo iſt ſolches
doch hernach durch die nachuolgende Subſcription deß Cō-
cordi Buchs/widerumb gefallen/auffgehebt vnd caſſirt worden. Vnd ſpotten die Caluiniſten/wann ſie fürgeben/ daß
im Concordi Buch die Kirchen (in denen auff der Cantzel
Caluiniſche Lehr geführt würde) verdampt werden. Dann
ir falſche Lehr würde verdampt: Die halsſtarrige verſtockte
Lehrer/vnd ſolche Zuhörer/wölche der warheit vberzeugt/
vnd doch derſelben nicht weichen wöllen/ werden verdampt:
Vnd bleiben dannoch vnter den Caluiniſchen Gemeinen
vil einfeltiger Leut/wölche diſe Controuerſiam nicht ver-
ſtehn/ſondern einfeltig den worten Chriſti glauben/da er geſagt: Das iſt mein Leib: das iſt mein Blut. Wir zweiffeln
auch nicht/ daß deren ein groſſe Anzal/im Schweitzerland/
in Niderland/vnd in Franckreich/wölche vnſere reine Lehr
mit Freuden vnd groſſer Danckbarkeit annemmen würden :
wann ſie allein reine Lehrer haben möchten. Solche Leut
verdammen wir nicht/ſondern hoffen/der Allmächtig werde
ſie deſſen nicht entgelten laſſen/ daß ſie im Articul vom heiligen Nachtmal nicht gnugſamen Bericht haben.Weil ſie
ſonſten all ir Vertrawen auff den einigen Heiland Chriſtum
wahren Gott vnd Menſchen/ ſetzen/ vnnd vmb Bekantnuß
ires Erlöſers willen/ Hab vnd Gut/Weib vnd Kind/ auch
Leib vnnd Leben laſſen.

Wann gleich Do-
ctor Heshuſius vō
der FormulaCon-
cordiæ abwiche/
ſo würde darumb
das Concordi
Werck nicht zu
grund gehn.

Was Doctorem Heshuſium belanget/ mag ſich der-
ſelbig verantworten/ nach ſeiner Gelegenheit. Das iſt aber
einmal war/ daß er die Formulam Concordiæ mit ſeiner
Hand/vngezwungen vnnd vngetrungen/vnterſchriben/vnd
hernach in einer offentlichen Schrifft/ im Truck / dem All-
mächti-

mächtigen vmb das Concordi Buch gedanckt / Vnd damaln vber die Vbiquitet (das ist / vber dem Articul von der
Person vnnd Maiestät Christi) nicht ein Wort geklagt:
Dann er eben dise Christliche Lehr zuvor in vilen seinen getruckten Schrifften geführet. Da er aber jetzt davon fallen /
vnnd fürgeben wolte / es were dise Lehr im Concordi Buch
verstreckt / vnnd er were betrüglich hinder das Liecht geführet
worden / könde er selbsten erachten / daß jme ein solches (als
einem sonsten Hochgelerten Man) niemandts glauben würde.
de. Dann ja die Lehr von der Maiestet deß Menschen Christi (welche die Caluinisten die Vbiquitet nennen) nicht mit
tuncklen verschlagnen Worten / sondern mit vilen Sprüch-
chen der Schrifft / vnnd Gezeugnussen der alten Heiligen
Vätter / darinn erwisen / vnd durch die Gleuber gewaltig er-
klärt ist : also / daß freylich ein Theologus müsse das Hirn
zuwäschen gegeben haben / der das Concordi Buch gelesen /
vnd die Lehr von der Person vnd Maiestet Christi nicht solte darinn lauter vnd klar funden haben. Da auch gleich
nit allein D. Heshusius, sonder andere mehr Theologi widerumb von der Concordi absielen / würde die Concordi / vnd
jren Willen / darumb nicht zu hauffen fallen. Paulus schreibt
an seinen lieben Jüngern Timotheum. Das weist du /
daß sich verkehrt habe von mir / alle die in Asia sind. rc. 2 Tim 1.
Vnnd ist dannoch vmb solcher verführischen Wortkön-
nen willen der Christliche Glaub nicht zu boden gangen.
So weiß ich auch / die Christliche Chur vnd Fürsten / so das
Concordi Buch mit eignen Handen vnterschriben / so beständ-
dig / daß sie sich nicht durch ein jeden Wind von dem Concordi Werck abwenden / noch jnen dasselbig / durch falsche
böse Leut / erleiden lassen. Darumb / warm die Caluinische
Theologen auff vornemme Fürsten tregen wolten / solten

F   sie

sie selbige mit Namen nennen /so könbten sich solche Poten=
taten wider solche Lügner vnnd Verleimder (jrer Fürstli=
chen Ehren notturfft nach) verantworten.

Wölcher Gestalt aber die Concipisten jr falsche Lehr vom
heiligen Nachtmal (an disem ort jrer Schrifft) zuferben vnd
zuuerstreichen begeren/ist von selbigem Puncten gnugsamer
Bericht/ im ersten Theil diser meiner Antwort/ beschehen/
vn lauter erwisen/dz sie kein wahre gegenwertigkeit deß Leibs
vnnd Bluts Christi im heiligen Nachtmal glauben: son=
dern jre schlüpfferige Bekantnuß anderst nicht dañ Gauck=
lerey/Præstigiæ, Imposturæ, vnd eitel Spiegelfechten seihe
darmit sie den einfeltigen/ wölche jr Rotwälsche Sprach
nicht verstehn/ das Maul auffsperren/ sie narren/vnd für=
setzlich mit gelehrten Worten betriegen.

Da auch die Caluinische Scribenten Doctor Luthern/
vñ Caluinum gegen einander halten/ geben sie dem theuren
Mann Gottes/ Luthero /ein Scorpion Stich/in dem sie
vermelden/ daß Caluinus kein Mönch (wie Lutherus) ge=
wesen/vnd daß Doctor Luther/ als ein Mönch/ im Bab=
stumb seer tieff gesteckt. rc. Die vrschlagen dise gifftige Leut/
das Doctor Luther/ da er gebetten/ daß man mit seinen er=
sten Schrifften gedult haben wölte/ nicht von seinen Strit=
ten gehandelt/ die er/ von Anno/70 vier vnd zwaintzig/ biß
an sein seelig End / ausgehn lassen/ sondern von denen
Schrifften rede. / da er ... ... zuschreiben
vnnd noch in ... Fottum/ die Bäbstische Lehr für
recht gehalten. Vnnd dise Calumniam bringen die Calui=
nisten auff die Ban /daß man Opinion Luthern/ die wog sei=
nes lebens/ für einen Mönch halte/ der sich auch biß ans
end/ der Mönchischen vnd Bäbstischen Lehr/ nicht allerdings
habe entschlagen können. Vnnd das ist die Ehr / wölche
                                                      die

In der vorred
vber den ersten
Tomum Vvitten=
berg.

die Hocherleuchte Caluiniſten Doctori Luthero (als einem gemeinen Baccalaureo Theologiæ) jedoch für ſeine
groſſe mühe vnnd arbeit/ die er der Kirchen Gottes trewlich
geleiſtet/beweiſen. Vnd muß dagegen Caluinus der treffen-
lich Mann ſein/det die Schrifft Altes vnd Newes Teſtaments vber die maſſen gewaltig vnnd alſo erckldrt/ daß
durch deſſelben Schrifften alle fürneme Ketzereyen/ ſo zu
vnſern zeiten entſtanden/widerlegt worden ſeien. Wan aber
Caluinus Lutheri Schrifften nicht geleſen/ würde er den
Papiſten/Widerteuffern/vnd andern Sectarijs wenig Zeen
außgebrochen haben : Wiewol Caluinus in Außlegung
der heiligen Schrifft/offtermaln mit den Juden zimlich zu-
dånzet/vnnd mehr auff der vnglaubigen Juden außlegun-
gen/dañ auff der Apoſtel Schrifften (in denen die Sprüch
deß Alten Teſtaments angezogen werden)ſihet.

   Vnnd allhie geben die Caluiniſten auch Doctori Iacobo Andreæ, Probſt vnnd Cantzlern zu Tübingen / ein
Stich / daß er etwo vor diſer zeit ſoll Caluinum, ſeinen Præ-
ceptorem genennet haben. Es ſey aber Doctori Iacobo
gut / daß Caluinus ſelbſt in zweien Epiſteln / welche vnter
andern Epiſtolis im Truck ſein/ offentlich bekennet / daß
gleichwol Doctor Iacobus freundlich vnnd beſcheiden-
lich vom heiligen Nachtmal in Schrifften mit jhm con-
ferirt / aber doch nicht ſeiner Caluiniſchen Meinung / ſondern deß Luthers Lehr / beifall thue. Welches Zeugnuß
Caluini ſelbſten Doctorem Iacobum gnugſam entſchul-
diget/daß er ſeiner Meinung nie geweſen/ ob er jhne gleichwol ſonſten für ein gelehrten Mann (gegen die Papiſten zu
gebrauchen) gehalten.

Ob D. Iacobus
Andreæ deß Cal-
uini diſcipulus ſey

D.2.fa.1.
Ob die Luthe-
rische Predican-
ten den Bäpstischē
beCATHOLI-
SCHEN Tittel
eingeraumbt.

Es were auch den Caluinischen Theologen wol vber-
geblieben / da sie sagen / die Lutherischen haben mit grossem
Spott vnnd Verkleinerung der Euangelischen Kirchen/
den Papisten / den Tittel der CATHOLISCHEN eingeraumbt
vnnd folgen lassen. Vnd damit es der Leser nicht vbersehen
möchte / haben sie am Rand herauß gezeichnet: Schand.
Wann nun die Caluinische Conchisten die Lutherische
Theologen dessen bezüchtigen / daß sie den Papisten disen
Tittel eingeraumbt/ so gehn sie abermaln (wie die Blinden)
an den Wänden. Sie mögen jre Politische Leut darumb
fragen / wer den Papisten disen Tittel eingeraumbt. Dann
vnter den Caluinischen Politicis findet man ettliche/ wölche
sich vnuerholen vernemmen lassen / wann man von Theo-
logischen sachen tractirn wölle/ so müsse man die Theologos
daheim lassen/ sonsten werde nichts fruchbarlichs außgerich-
tet. Haben nun ettliche silberne Leut (wölche etwo von jrer
Herren wegen die Præeminentz haben wöllen) den Papisten
mit disem oder andern Titteln vil eingeraumbt/ so mögen
sie dasselbig vor Gott/ jrer Obrigkeit/ vnnd der Christenheit
verantworten / vnd vnschuldige Christliche Herrn / vnd arme
trewhertzige Kirchendiener vnstumpfiert lassen.

D 3 fa 1.
Ob die Lutheri-
schen Theologi
kein freien Synodū
treiben mögen.

Ein grosse Vermessenheit aber ists / daß sie schreiben:
Solt man (sprechen sie) heut in einer freien Versamlung
das Vrtheil der Euangelischen Kirchen anhören/ wirde
sich finden/ daß sie vnsere Christliche Lehr (Rüttel) gut heis-
,, sen/ vnnd aber vber Osiandrum vnnd seine Consorten kla-
,, gen/ auch klärlich darthun würden/ daß sie nichts richtigs
,, von den heiligen Sacramenten lehrten/ vnd die vornembste
,, Articul deß Glaubens verkherten. Darumb auch dise Herrn
,, (sagen sie) von keinem freien Synodo etwas hören oder
wissen

wiſſen wöllen. Bißher die Caluiniſten. Es begern die Caluiniſten jetzt ein lang geſpött/ allers Synodi oder zuſamen kunfft
fürnemer Theologen. In derſelben Verſamlung aber wöllen ſie haben Newen ſtattiſche Caluiniſten/Schweitzer/En-
gelländer/Frantzoſen/Niderländer/Schotten/Poln/ vñ in
Summa auß allen Ländern/An denen die Zwinglianer den
Predigſtul innen haben: Inmaſſen ſie ſich deßhalben in offentlichen getruckten Schrifften gnugſam erkläret. So
wiſſen ſie/daß in ettlichen Herrſchafften deß Teutſchlandts/
ſie auch vil heimlicher Brüder vnter den Predicanten haben/
wölche vor jrer Obrigkeit die Caluiniſche Lehr verläugnen/
vnnd doch ſelbige im Hertzen haben. Derwegen verhoffen
ſie/wañ es zu einem ſolchen Synodo kheme/ſo wolten ſie vns
vberſtimmen vnd vberſchreien. Nun ſeind wir vnſers theils
bereit vnd vrbütig(wann es vnſer Chriſtliche Obrigkeit für
nützlich vnd notwendig anſihet)in einem Synodo/wo man
will/zuerſcheinen/ vnd vnſer. Chriſtliche Lehr auß Gottes
Wort zubeweiſen/vnd wider die Caluiniſten / vnd alle andere jrrige Lehrer/vermittelſt Göttlicher Gnaden zuerhalten.
Ob es aber der Chriſtenheit nützlich vnd heilſam/ein ſolchen
Synodum (darinn ein ſolche groſſe anzal Caluiniſten)zuhal-
ten/das iſt wol bedenckens werdt. Wann man aber ein Synodum zuſammen beſchrieb/deren Theologen/ſo der Augs-
purgiſchen Confeſſion in Warheit zugethan/zweiffelt mir
nicht daran/es wurden die Caluiniſten mit allen jren Caluiniſchen Irrthumben/rund vnd lauter verworffen/ vnd verdampt werden. Vnd würde ſich befinden/ daß es ein offentliche Lügen/da ſie fürgeben/das Vrtheil der Euangeliſchen
Kirchen / würde die Caluiniſche Lehr gut heiſſen/vnnd vber
Oſiandrum vnd ſeine Conſorten klagen/daß ſie nichtes rich-
tiges von H.Sacramenten lehrten/vnd die vornembſte Ar-

F 3   ticul

44 Abfertigung der Gegenwarnung/ der

eteul deß Glaubens verkheeren. Da sie auch durch einen
freien Synodum/verstehen/ ein Christlichen Synodum / in
dem reine vnd Gottselige Kirchendiener versamlet/ vnd vns
zumessen/daß wir ein solchen Synodum nicht leiden mögen:
thun sie vns hiemit gewalt vnd vnrecht. Heißt jnen aber ein
freier Synodus/ein solche versamlung/in deren vil Theolo-
gen/die der Augspurgischen Confession nicht zugethan/ si-
gen sollen / kan ich nicht sehen / warumb sie nicht auch der
Widertduffer Versteher / fürneme Schwenckfeldianer/
Arianer auß Sibenbürgen / vnd klein Poln/David Geor-
gianer auß dem Niderland / vnnd andere mehr Sectarios
vnd Schwarmgeister/in einem solchen Synodo nidersetzen
sollen. Das würde aber zumal ein herrlicher Synodus sein/
darinnen (respectiuè/gegen dem grossen theil der Schwer-
mer) ein Hand voll Hirten/vnd dagegen ein ganzer Hauffe
Wölff/Beren/Löwen/vñ andere vngeheure reissende Thier
weren/wölche der Herd Christi nicht verschonen / vnnd den
Weinberg des Herrn verwilsten vnd zerwülen. Wann aber
den Zwinglianern souil an eim Synodo gelegen/warumb
haben sie nit An.2c.30.so starck auff ein Synodum getrung-
en? da allwegen wol zehen reine Euangelische Kirchendiener waren / ehe man einen Zwinglianer hette funden? Aber
damaln haben sie nicht laut nach einem Synodo geschrien:
sezt begeren sie eines Synodi/diewell sie wissen/daß schier in
jedem Winckel ein Caluinist sitzet. Solcher Synodorum
haben auch vor zeitten die Arrianer begert / auch ettliche er-
langt: aber fromme vnd trewe Lehrer (als Athanasius / vñ
seines gleichen) haben sich mit solchen Leuten nicht einlaß-
sen wöllen/ wie den Caluinisten auß der Kirchen Historien
nicht vnbewußt ist. Wir tragen aber vnsers theils ab einem

Christ-

Christlichen freien Synodo oder Concilio (wie hieuor ge-
melt) gar kein abscheuhens: wann man allein in demselbigen
lässet Gottes Wort Richter sein.

Es wolten auch die Caluinische Concipisten / gern den
Durchleuchtigen Hochgebornen Fürsten vnd Herrn / Herrn
Christoffen / Hertzogen zu Würtenberg / rc. Christseliger gedächtnus / zu einem Patrono vnd Aduocaten jhrer Caluinischen Lehr machen. In dem sie erzehlen (auß einem Heidelbergischen Protocoll) das An. rc. 62. Hochgedachter Fürst /
soll vor dem Hertzoge von Guise / den Theodorum Bezam
entschuldiget haben / vber den worten / da er geschriben / daß
der Leib Christi / so weit von dem H. Nachtmal / als der hohe
Himmel von der Erden sey: daß / nemlich / solches allein von
einem crasso modo, oder grober weiß / verstanden / vnnd dise
Rede allein dem Abgöttischen Bapsthumb entgegen gesetzt.
Wie sie auch auß einem Protocoll erzehlen / daß mehr vnnd
hochgedachter Fürst / dem Cardinal von Lottringen soll gesagt haben / daß die Frantzösische Kirchendiener / in keinem
Articul / dann im heiligen Nachtmal / von der Augspurgischen Confession discordirten : were aber dermassen geschaffen / daß verhoffenlich / ein gute vergleichung zutreffen sein
möchte / dann mehr der Streit in verbis were / dann daß man
sonsten so weit von einander sein solte / rc. Nun hab ich die
Protocolla / wölche die Heidelbergische Concipisten anziehe /
vnd (wie sie fürgeben) bey Handen haben / nicht gesehen.
Das weiß ich aber wol vnd gründtlich / daß in den Würtenbergischen Actis, wölche fleissig durchsuchet worden / nichts
dergleichen funden worden. So weiß ich auch nicht / wie
getreulich die Concipisten auß den Heidelbergischen Actis
referirn. Dann es sonsten bey den Caluinisten nichts
seltzames / daß sie / auch auß getruckten Büchern (die doch
jeder-

C 1. fa 1.
Ob Hertzogs
Christof zu
Würtenberg / der
Caluinischen Leh-
rer vnd Irrthumb
Patronus gewesen
sey.

C 3. fa 2.
C 4. fa 1.

jederman bekommen vnd lesen kan)dürffen anziehen/zu jrem
glimpff/das in denselbigen nicht also befunden würdt. Daß
jetzt setzen sie ein Wörtlin oder zwey hinein / oder verschwei-
gen ein wort schalckhafftig/daran doch vil gelegen:oder ver-
setzen die wort mutwillig/daß sie ein andern verstandt geben/
dann es von dem Authore gemeindt worden. Darumb laß
ich jhr Relation auß dem Heidelbergischen Protocoll / auff
jrem werth vnd vnwerth beruhen. Gesetzt nun / daß Hertzog Christoff/hochlöblicher gedächtnuß/vor dem Hertzogen
von Guise (als einem grossen Papisten / vnnd verfolger der
Euangelischen Kirchen in Franckreich) dem Theodoro
Beza/sein vnchristliche Red zum besten gedeuttet: damit derselbigen nicht vil tausent einfältige vnd guthertzige Christen
in Franckreich(wie die Sachen zur selbigen zeit/ auffs aller-
gefährlichste stunden) entgelte müsten: Daß auch S.J.G.
vor dem Cardinal von Lottringen / den Zwispalt vom heiligen Nachtmal/zwischen vns vnd den Caluinisten/nicht habe scherpffen/sondern auffs glimpffigst damaln (auß erst er-
zölter vrsach) dauon reden wöllen: damit auch S. J. G. nie
möchten beschraiet werden/ als ob sie den Cardinal von Lot-
teringen/vnd Hertzogen von Guise/wider die arme betrangte
Christen in Franckreich hetzen wölte ; Solte darumb darauß folgen/ daß Hertzog Christoff/ Christseliger gedächt-
nus/ S. J. G. deß Theodori Bezæ vnchristliches schreiben
gefallen lassen ? oder darfür gehalten haben/ daß der Stritt
zwischen vns vnd den Caluinisten/ allein ein lautter Wort-
gezänck were ? Es weißt ja menniglich/ daß mehr vnd hoch-
gedachter/ löblicher Christlicher Fürst/ vor vnd nach selbiger Handlung/sich allwegt hart wider die Zwinglische Lehr
gesetzt/selbige gehindert/ vnd deren gewöhret/ wo es jmmer
S.J.G.müglich gewesen. Wie auch S.J.G.in dero löb-

lichen

lichen Fürstenthumb selbst ir Kundschafft auff die Kirchen=
diener gemacht/wölche deß Zvvinglianismi verdacht gewe=
sen/vnd nicht nachgelassen/ biß sie eintweder (wo sie irrig be=
funden) zu recht gebracht/ oder aber zum Lande hinauß ge=
schickt worden. Darumb wie sich einer/ der mißhandlet/ vñ
aber auß mitleiden versteckt/ bedeckt/ vnnd nicht angezeigt
würde/nicht darumb rühmen kan/daß selbige Leut/ so jne vor
gefahr behütet/an seiner Mißhandlung ein gefallen getra=
gen/vnd selbige gut geheissen: Also solten sich die Caluini=
sten auch billich nicht rhümen/ daß vil vnnd hochgedachter
Hertzog Christoff/ Christmilter geddchtnuß/ vor dem Her=
tzogen von Guise/vnd dem Cardinal von Lottringen/ihrer
verschonet/vnd nit von den Caluinischen Lehrern so scharpff
geredt/wie sie wol werth gewesen.

    Ein herrliche entschuldigung aber bringen sie für/ zuer=
weisen/ daß sie von der Augspurgischen Confession/An.ꝛc.
30. sich nicht abgesöndert. Dann sie haben sich (sprechen
sie) nicht zwar von der Augspurgischen Confession/ sonder
allein von dem Artickel vom Nachtmal/ der in der ersten
Apologi gar Bäpstisch gelautet/ auch deßwegen von den
Papisten approbirt worden/ gesöndert. Bald darauff ge=
ben sie für/ daß der erst Religions Fridstande/Anno/ꝛc.32.
zu Schweinfurt seinen anfang gehabt/vnnd der Religions=
frid/sey allein An.ꝛc.55. wider ernewert. Darauß sie ferner
schliessen/weil Anno/ꝛc.32. die vier Stätt/ von den Keiser=
lichē Commissarijs in den Religions Fridstande angenom=
men worden/ so seien alle Caluinisten deß in Anno/ꝛc.55.
auffgerichten Religions fridens auch vdhig/vnnd von selbi=
gem nicht außgeschlossen. Bald hernach sagen sie/ daß die
wort im zehenden Artieul der Augspurgischen Confession
(darinn die Gegenlehr vom heiligen Sacrament verworf=

Ob die Caluini=
sten von der Aug=
spurgischen Con=
fession sich nicht
abgesöndert.
E. 2 fa.12.
E. 3 fa.1.

E.3.fo 2.

                  G   sen

„ fen würde) nicht die Zwinglianer angehen / sondern die Wi-
„ dertduffer/ vnnd die jenigen/so die heiligen Sacrament ver-
„ nichten. Heißt aber das nicht wunderbarlich schwindlen?
Dann/erstlich bekennen sie / daß sie sich im Artickel vom H.
Nachtmal (wölcher ist der zehend) von der Augspurgischen
Confession abgesöndert. Bald im andern Blat sagen sie
derselb Articul gehe die Zwinglianer nichts an/sondern sey
wider die Widertduffer / vil die jenigen gesetzt/wölche die H.
Sacrament vernichten: Wölche Leut aber sie (die Zwinglianer) nicht sein wöllen. Ist das war / warumb haben sie
sich dann im zehenden Articul (jrer eigen Bekantnuß nach)
von der Augspurgischen Confession abgesöndert / wann selbiger Articul jnen nicht zuwider gewesen? Warumb haben
sie zu Augspurg/Anno/ꝛc. 30. vmb sonsten/vnd vmb nichts
willen (nämlich/ wann jnen der Articul vom Nachtmal nit
zuwider gewesen) ein solchen schädlichen Riß vil Trennung
vnter den Euangelischen Ständen vnnd Kirchen gemacht/
vor der ganzen löblichen Reichsuersamlung? Fürs ander/
schreiben mit solchen worten die Caluinisten/ mutwillig wider jr eigen Gewissen. Dann wann sie der zehende Articul
nicht in die Augen gestochen / vnnd sie nicht wol verstanden
hetten/daß in selbigem jr Zwinglische Lehr verworffen wer/
würden sie sich freilich on alles hindersich sehen/ mit den andern Euangelischen Ständen vnderschrieben haben.

Ob die Caluinisten
vom H Nachtmal
ein andere Lehr
führen/dann die
Widertduffer.
So ist auch dises nicht war/daß sie fürgeben/alß ob sie im
Articul vom H. Abentmal ein andere Lehr führen/ dann die
Widertduffer. Dann jr eigen Colloquium / so sie zu Fran-
ckenthal mit den fürnembsten Vorstehern der Widertduffer gehalten (wie sie selbigs selbsten in den Truck verfertigt)
bezeugt : daß die Caluinisten vnd Widertduffer im selbigen
Articul einig sein. Dann die Widertduffer sich rundt/ zum
andernmal in gemeltem Colloquio erkläret/ daß sie im Articul

eleul vom Nachtmal/an der Caluinischen Theologen Lehr
keinen mangel haben. Wie gefelt jhnen das? Jch will mich
hierinn auff gedachtes getrucktes jhr Protocoll beruffen haben. Vnd/wie reimbt sich diß zusammen/daß sie bekennen/
sie haben sich im Artickel vom H. Nachtmal/von der Augspurgischen Confession abgesöndert/dann derselbige Articul habe in der ersten Apologi gar Bäpstisch gelauttet?
Wir handlen von der Confession/so sagen sie von der Apologi. Die Confession ist ein gemein Werck gewesen der
Augspurgischen Confessions verwandten: wölche auch von
selbigen Stännden mit eigen Händen vnterschrieben/vñ damaln Key.May. vbergeben worden. Ist selbige im zehenden
Artickel recht gesetzt gewesen/warumb haben die Caluinisten nicht dieselbig vnterschrieben? Vnd wie können sie mit
warheit sagen/daß sie von vnterschreibung der Augspurgischen Confession/durch die Apologi (wölche Philippi Melanthonis Werck anfangs gewesen) abgehalten worden
seien: So doch die Augspurgische Confession vbergeben
(vnd von den Zwinglianern die Subscription recusirt worden) ehe dann ein einiger Buchstab an der Apologi geschrieben gewesen? Dañ auff vbergebung der Augspurgischē Confession ist erstlich erfolgt/von den Papisten/ein vermeinte
widerlegung der Augspurgischen Confession. Auff dieselbige widerlegung ist allererst erfolgt die Apologi. Darumm
werden allhie abermals die Caluinisterlin offentlichen vn-
uerschämbten Lügen ergriffen. Vnd mag man wol mit warheit sagen/daß die Sonne vnuerschämbtere Leut nie beschi-
nen/alß dise Caluinische Theologen (vñ jres gleichen) sein.

　Vnd/was ist das für ein außflucht/daß sie sagen: sie haben sich zwar nicht von der Augspurgischen Confession/
sondern allein von dem Artickel vom Nachtmal / ab-
gesön-

E.2.fa.1
Ob jemandts der
Augsp. Conf in
warheit zugethan
sey/der sich von
derselben in einem
fürnemen Articul
absondere.

G.　2

gefondert? So höre ich wol / wer sich in einem Artickel von
der Augspurgischen Confession absondert/der hat sich von
der Augspurgischen Confession nicht abgesöndert? Wann
es dise meinung hette / so köndten die heutigen Arianer auch
sagen: Sie weren allein im Artickel der H. Trifaltigkeit/
von der Augspurgischen Confession abgetretten: hieltens
aber sonsten mit allen andern Artickeln der Augspurgischen
Confession: Weren sie dann hierdurch entschuldiget/vnnd
für verwandte der Augspurgischen Confession zuhalten?
wissen die Caluinisten nicht/wann ein Ring entzwey ist/ daß
er nicht mehr helt: vnnd ist nicht vonnöten/ daß er zu kleinen
Stücklin zerbrockelt sey. Wie vil Ketzer sein gewesen/ deren
jeder allein einen Articul der Christlichen Religion wider-
fochten/ die andern aber bleiben lassen? Solte man selbige
darumb für rechte Christen gehalten haben/ wann sie ihres
Irrthumbs vberzeugt/ vnd dannoch verstockt darauff (wie
die Caluinisten) verharret? Hetten nicht auch diser gestalt/
ettliche vermeinte Christen zu Corinthen/ welche die auff-
erstehung des Leibs verläugneten/ sagen können: sie weren
gute Christen: dann sie widersprechen nur einem einigen
Articul deß Christlichen Glaubens/vnd weren in den andern allen richtig? Oder/sollen wir so lang die Caluinisten
für vnsere Brüder erkennen/ biß sie vil Artickel der Augspurgischen Confession verläugnen vnnd widerfechten? wie
sie zwar laider/in mehr/dann allein in einem/irrig sein.

Ob der Religion
friden/ so An. ꝛc.
55.auffgerichtet/
allein ein Conti-
nuation vnd Er-
newerung deß vo-
Mich wundert auch nicht wenig / daß sie den in Anno / ꝛc. 55. auffgerichten Religionfriden/ allein für ein
Continuation vnnd Ernewerung deß vorigen Religions
Fridenstandts halten/der Anno/ ꝛc. 32. zu Schweinfurt an-
gefan-

gefangen : vnnd sich stellen / als wüßten sie nicht / daß im Re- *rigen Religion*
ligionfriden / so Anno ꝛc. 55. auffgerichtet worden / alle Se- *Fridenstandig ge-*
cten (vnter denen fürnemlich der Caluinismus verstanden) *wesen.*
außgeschlossen worden. So jnen doch nicht vnbekant / was
den Caluinisten vor diser zeit zuhanden gangen were / wann
die jenigen Chur / Fürsten vnd Ständ / so der Augspurgischen Confession in warheit zugethon gewesen / nit / auff hoff-
nung der besserung / Rigel vntergeschossen hetten : sondern so
begirig geweßt weren / die Caluinisten in ein vnfridlich Wesen zusetzen / als sie vns von der Augspurgischen Confession
(deren sie doch nicht anhengig) außzuschliessen begeren.
Gleichwol ist Keiser Maximilianus Hochlöblichster Ge-
dächtnüß (auff der selben Maleßtet ernstlich vnd beharlich
anhalten) von den Chur / Fürsten vnd Ständen Augspurgischer Confession Anno ꝛc. 66. auff dem Reichstag zu Augs-
spurg) lauter bericht worden / daß die Caluinisten nicht der
Augspurgischen Confession seien / wie disen Caluinischen
Theologen on zweifel wol wissend. Ob aber neben der Augspurgischen Confession / vnd der Römischen Religion / auch
die Caluinische Lehr im Religions friden (wie er Anno ꝛc.
55. auffgericht / hochbetheuret / vnterschriben vnd versigelt)
begriffen / mögen die Caluinische Theologen wol nachsuchen / wo sie einen solchen Paragraphum darinnen finden
wöllen : Dann bißher ist er noch nie darinn funden worden.
Es seind aber dise vnrhüwige Leut nicht daran benügt / daß
sie deß eusserlichen Fridens genüssen : sondern feiren nicht /
andere Kirchen mit der Zwinglischen Lehr zuuergifften /
vnd selbige mit sich in vnnotwendige Gefahr zusetzen. *Ob sich die Calui-*

　　Es haben sich die Caluinisten verhawen in einem Büch- *nisten gnugsam*
lin / wölches zu Newenstatt durch Mattheum Harnisch An- *entschuldigt / daß*
no ꝛc. 82. getruckt : da sie sagen / daß die Sacrament / on den *sie nicht etlicher*
　　　　　　　　　　　　　　G 3　　　　　Glau- *maßen mit den*
Widerteuffern
luichen.

Glauben / kein Sacrament / sondern allen ein eusserlich/vn
nütz/vergeblich Spectackel seien : vnd darneben fürgeben/
daß die Kinder keinen Glauben haben. Weil ich ihnen nun
fürgeworffen/ daß hierauß der Widerteufferische Irrthumb
folgen müsse: Dann wer wolt sein Kind lassen tauffen/wann
er gewiß were/daß es keinen Glauben hette / vnd dorfft hiel
te / daß die Sacrament one Glauben allein ein eusserlich vn
nütz Spectackel were? Hie wissen sie nicht/wo hinauß. Brin
gen einen Spruch Lutheri / der da sagt : Man soll den H.
Tauff nicht auff dessen/ der getaufft würdt / Glauben oder
Vnglauben / sondern auff Gottes Befelch vnd Ordnung
gründen. Diß ist wahr : kommbt aber den Caluinisten nicht zu
hilff. Darumb suchen sie ein andere Lucken/dardurch sie hin
auß schlüpffen wöllen/vñ sagen/sie lehren nicht/daß die Kin
der allerdings vngleubig sein. Ist das war:warumb ha
ben sie dañ zuuor geschrieben / daß die Kinder noch nicht
glauben? Damit aber niemandt eigentlich verstehn möge/
was doch hierinn ir endtliche Meinung sey/so sagen sie bald
hernach: Die Kinder haben in jnen den Samen deß
Glaubens/vnnd der Buß. Durch sonderliche heimliche
wirckung deß heiligen Geists. Vnnd sagen ferner (auß deß
Caluini Schrifften) wer den H. Geist hat/der hat die wur
tzel deß Glaubens/vnd aller Tugenden So höre ich wol/es
kan jemands den Heiligen Geist haben/vñ dannoch dẽ Glau
ben noch nicht haben/ sondern allein die wurtzel vnd den Sa
men deß Glaubens? Wer sihet hie nicht/wie dise Theologi
an den Wänden gehn/vñ nicht wissen/was sie bekennt / oder
was sie laugnen sollen: vnd wöllen dannoch mit irer vnzeitigẽ
Kunst alle Welt reformirn / vnd die besten Theologi in der
Welt sein.

Sie widerholen auch die greiffliche Vnwarheit/ daß Lu
therus

therus/wann sm nicht ander Leut in den Ohren gelegen/die
Zwinglianer für seine Brüder erkennet hab. Vnd muß hier=
zu dienen/das er ettliche Straßburgische Theologen(wöl=
chen er damaln bessers vertrawet/dann er hernach an jnen
befunden) seine liebe Brüder genennet. Ich aber hab auß
den Marpurgschen getruckten Actis erwisen/dz An.:c.29.
Lutherus den Zwinglium vñ seine adherenten nicht für brü=
der erkennen wöllen/wie die Concipisten deß Mandats fürs
gegeben hatten:darmit ich sie einer offentlicher Vnwarheit
vberwisen hab: Aber darauff antworten sie nicht ein einig
wort. Dagegen wenden sie ein/was D. Brentius, Vitus
Theodorus, vnd D. Iacobus Andreæ dem Caluino, als ei=
nem Bruder/sollen zugeschriben haben. Ich halt aber dar=
für/wañ dem gewißlich also were/sie wurden auffs wenigst
die Vberschrifften gedachter Brieff längst in den Truck ge=
geben haben: wann sie nicht wißten/daß derselben brieff Ich
halt ein anders erwisen. So ist auch nicht der Stritt hier=
vber/was einer dem andern für ein Tittel gegeben:sondern
darüber haben wir gestritten/ob D. Luther den Stritt vom
heiligen Nachtmal so gering geachtet/daß er auch die An=
fänger desselben/nichts desto weniger (ein weg wie den an=
dern) für seine brüder zu Marpurg erkent hab? Hie seind die
Caluinische Concipisten bestanden/wie Butter an der Son=
nen. Vñ dienet wenig zu jrem fürhaben/daß sie fürwenden:
daß die Lutherische Fürsten/jren Religions verwandten Für=
sten (sie verstehn alhie Caluinische Fürsten) als Brüdern/
zuschreiben. Nun wissen verstendige Leut wol/das auch die
Lutherische vñ Bäbstische Fürsten einander Brüder nenñ:
solche Bruderschafft aber erstrecket sich nicht auff die gleich=
heit der Religion/sondern auff weltliche Sachen. Darumb
haben die Caluinisten mit diser vermeindten beweisung aber=
main den Zweck bei dreyen Bawren Schuch getroffen.

Es

Ob Lutherus die
Zwinglianer für
Brüder erkant.

§.fa 2.

Ob / vnnd wölcher Gestalt den Caluinischē beurlaubten Predicanten / vnzimliche Frondienst zugemuttet worden.

Es werden auch die Lutherischen Predicanten (wölche sie Priesterknecht nennen) beschuldiget / daß jr Neid vnnd Groll gegen den beurlaubten Caluinischen Predicanten so groß gewesen / daß sie denselben alle Schmach vnd schmähliche Frondienst aufferlegt / vnnd etwan den Nachrichtern zu dienen genötigt haben. Auff disen Casum bin ich also berichtet worden: daß in der Churfürstlichen Pfaltz zu W. ein alt Herkommen / das etwo den Bürgern aufferlegt werde / dem Nachrichter / oder seinen Gesellen / nach begegneten dingen / zuhelffen: Wölchen dienst doch ein Burger mit einem geringen Gelt (weniger dann mit einem Monat Sold) wann er wölle / abkauffen könne / daß er dergleichen Frondienst gefreiet sey. Es hab sich aber zugetragen / daß ein solcher Frondienst einen Zwinglischen Predicanten (wölcher damaln seines Kirchendiensts erlassen / vnnd ein Ochsner gewesen) getroffen: der hab solchen Frondienst vngezwungen vnd vngetrungen verrichtet: einweder / vnserm Theil dardurch ein vnglimpff zuschöpffen (wie es allhie von den Heidelbergischen Caluinistē angezogen wärde:) oder aber / daß er jm das Gelt hat lassen zulieb sein. Darumb mag derselbig Krämer seinem Geitz hierumb dancken: vnd dürfften wol die Caluinisten auß einer solchen sachen / daran jr eigner Glaubensgenoß schuldig gewesen / nicht ein solch Geschrey machen / als ob es alle tag in der Churfürstlichen Pfaltz geschehen were.

§. 2. fa. 1. Ob die Pfältzische Kirchendiener nicht für Hertzog Johann Casimir ꝛc. bitten wöllen.

Es werden auch fürneme Christliche Kirchendiener in der Churfürstlichē Pfaltz angeklagt / als ob sie für Hertzogen Johann Casimir ꝛc. auff der Cantzel nicht bitten wöllen / biß jhnen solches auß der Cantzley befohlen worden. Hierauff bin ich glaubwürdig berichtet / daß selbige Kirchendiener / sich mit Verrichtung deß gemeinen Gebetts (nach absterben

sterben Pfaltzgrauen Ludwigen/ Churfürsten/ seligster ge=
dächtnus) jederzeit verhalt/ wie sie desßhalben von den Rhä=
ten in der Cantzley zu Heidelberg bescheide worden. Da nun
die Heidelbergische Calvinsche Predicanten darüber zu kla=
gen/ mögen sie hierumb die Rhät zu Red setzen. Gleichwol/
wann man das gemeine Gebett haben/ vnd desselbigen kräff=
tiglich geniessen will/ muß man nicht falsche Lehr pflantzen/
vnd reine trewe Kirchendiener ins elend jagen.

Es bringen auch die Calvinische Concipisten (zu verthe=
digung des Heidelbergischen Mandats) herfür/ ein Ediet/
in wölchem Hertzog Heinrich von Braunschweig/ An. ꝛc.
62. in S.F.G. vnd deß Nidersächsischen Kraiß/ Namen/
den Predicanten aufferlegt/ daß sie deß vnerbawlichen schel=
tens vnnd schmehens/ auff der Cantzel sich entholten sollen.
Nun weiß ich keinen Hertzogen in Braunschweig/ der nicht
dem Calvinischen Gifft von Hertzen feind were. Derwegen
auch die Calvinische Concipisten/ noch in den nächsten drei=
en tagen nicht bereden werden/ daß in gedachtem Ediet/ die
Sachen dahin gemeint gewesen/ daß die Zwinglische Jrr=
thumb nicht solten auff der Cantzel gestrafft werden. Das
weiß ich aber wol/ daß Anno ꝛc. 61. der Nidersächsische
Kraiß seine Gesandten/ Rhäte vnd Theologen zu Braun=
schweig in der Statt gehabt: allda der Zwinglische Jrrthuß
verdampt/ vñ Doctori Hardenbergio, einem Zwinglischen
Predicanten/ angezeigt worden/ dz er auß dem Nidersächsi=
sche Kraiß hinweg ziehe soll. Es haben auch hernach die Ni=
dersächsischen Theologen/ wider de Calvinischen Jrrthuß
herrliche Schrifften lassen durch den Truck außgehn/ dar=
auß zusehen/ mit was Grunde die Calvinisten das Nider=
sächsische Edict anziehen. Es ist aber den Calvinischen
Scribenten/ wie vnsinnigen rasenden Leuten: wann man zu

H　　　den=

Ob Hertzog Hein-
rich jn Braun-
schweig/ ꝛc. die
Calvinische Lehr
auff der Cantzel
zu straffen/ ver-
botten habe.
F 2. fa. 2.
J 3. fa. 1. 2.

denselbigen gehn wöll/werffen sie gegen einem/ was jhnen
vnter Hand kombt/das nechst das beste. Also raspeln die Caluinisten zusamen/vnd werffen es jren Widersachern entge-
gen/ was sie erwischen/ es reime sich/oder nicht. Wann sie
aber bessere Argumenta hetten/ dürfften sie nicht solche zur
sachen vntaugenliche behe[l]ff suchen.

Es wöllen auch die Concipisten deß Heydelbergischen
Mandats noch nicht nachlassen/vnserm theil allerley vnge-
reimbte/ vnd vnchristliche Meinungen zuzumessen: Vnnd
muß jnen D. Brentius gelehrt haben/ daß zwo Gottheit in
Christo seien/ein ewige/ vnd ein mittgetheilte Gottheit. So
sie doch selbsten wol wissen/ das Brentius allein ein einige
Gottheit in Christo geglaubt vnd gelehrt/ wölche von Ewigkeit gewesen/ vnd hernach in der zeit/ der Menschlichen Natur in Christo/ durch die Persönliche vereinigung/ also mitgetheilt worden : das zwar die Menscheit nicht in die Gottheit verwandelt/ sondern von der Gottheit ein allmächtigen
Gewalt/ vnendliche Weißheit/ vnd Göttliche Herrligkeit
(allenthalben gegenwertig zu regiren) empfangen hat.

Auch soll ein Doctor Theologiæ, der zu Tübingen pro-
mouirt worden/in gegenwart eines fürtrefflichen Fürsten/
vnd in beysein zweier fürnemen Theologen offentlich gesagt
haben/das Christus so wol in Herodias Leib/ als im Leib der
Jungfrawen Mariæ gelegen sey : Dises (sprechen sie) ha-
,, ben die jetzige Theologen zu Bremen in offentlicher schrifft
,, bezeuget/vnd seind bey leben/ anderst wissen wir nicht/die bei-
,, de Doctores Theologiæ, vnd andere die dabey gewesen.
Hierauff soll der Christliche Leser wissen/ daß dise Caluinische Concipisten/abermal/ wie ein Fuchs/ neben der warheit
her traben. Daß der Doctor Theologiæ (der zu Tübingen
promouirt/vñ ausserhalb deß Fürstenthumb Wirttenberg sich
helt)

Marginal notes (left):

G.1.fa 1.
Ob D. Brentius
zwo Gottheiten in
Christo gelehrt ha-
be.

G.1.fa 1.
Ob ein Tübingi-
scher Doctor ge-
sagt/das Christus
auch im Leib der
Herodias gelegen
sei.

gelt) auff den sie stechen / hat obgedachte / schandtliche / grewliche Lösterung nie geredt: sondern ein andere Person / wölche
wider jne disputiert / vnnd die Maiestet deß Menschen Christi
widerfochten / die hatt fürgeben / wann die Lehr von der Vbiquitet wahr were / so muste folgen / das Christus auch im leib
der Herodias gelegen were: wölches aber obgemelter Doctor Theologiæ im fußstapffen widerfochten / vñ angezeigt /
das solches keins wegs / auß der Lehr võ der Mayestet Christi (wölche die Caluinisten die Vbiquitet nennen) erfolge.
Dises ist vor sibe jaren geschehen. Noch hat dises den Doct.
E. H. nicht helffen mögen: sondern ist mit vngrund weit
vnd breit / von jhm on allen Grund der warheit / außgossen
worden / als solte er obgedachte abschewliche Gotteslesterung
geredt haben. Daß disem also sey / kan mehrgemeldter Doctor mit ettlichen Zeugen / so dabey gewesen / vnd noch alle in
leben / erweisen: Deren namen ich wol weiß / vnnd selbige
verzeichnet bey meinen Handen hab. Darumb wöllen jnen
die Caluinisten solche jre erschrockensliche / erdichte / abschewliche Gotteslösterung / selbsten behalten / vnd reine trewe Lehrer darmit vnbeschmitzt lassen.

Also thun sie auch D. Brentio, dem sie mit vnwarheit zulegen / er hab geschrieben / daß eines jeden Menschen Natur /
der jetzt im Himel ist / sey dem Son Gottes einverleibt / vnnd
mit jm in einigkeit der Person verbunden. So doch D. Brentius eben an selbigen orten / die sie anziehen / das widerspil leh-
ret. Daß er zeucht dise meinung (die jm zugemessen würdt)
an / als ein falsche vnnd jrrige Lehr / wölche auß der falschen
lehr der Caluinisten folgen müste / wo dieselbige bestehe solte.
Was nun D Brentius, als einen Jrrthumb vnnd greuliches
absurdum / den Caluinisten fürwirfft / das legen sie im (wider das gezeugnus jhres Gewissens) zu / als ob er derselbigen
Meinung gewesen were.   H 2   Eben

B.1.fa 2.
Ob D. Brentius
gelehrt / daß ein
jeder seliger
Mensch / mit dem
Son Gottes per-
sönlich vereiniget
sey.

B.2 fa..
Kurtze Antwort
auff ettliche vil Ca=
lumnias/welche
die Calwinisten
mit Wannen zu=
tragen.

Eben dises Schlags seind auch nachfolgende Calumni-
en/daß wir sollen lehren/der Leib Christi sey in allen Win-
ckeln/Steinen/Vierkanten. Item/von der Außgiessung
der Göttlichen Maiestet in die menschliche Natur. Item/
daß Lutherus soll (auff Eutychianisch vnnd Schwenckfel-
disch) gelehrt haben/das Fleisch Christi sey nit auß Fleisch/
sondern auß Geist geboren. Item/daß er gelehrt/der Leib
Christi fahre durchs Brot/wie ein Klang/durch Brot vnnd
Lufft/rc. Item/daß wir dem HERren Christo ein solchen
vnsichtbarn vnd subtilen Leib zueignen/der nicht sey der Leib/
wölcher von der Jungfrawen Maria gebor. Item/daß D.

Brentius gelehrt habe/Christus sey in den Himel gefahren/
in wölchem auch die Hölle vnnd der Teuffel sey. Item/daß
auß Lutheri Lehr folgen soll/daß man das Brot im Sacrament anbetten müsse. Vñ was deren Calumnien mehr seind.
Hierauff bitt ich den Christlichen Leser vmb Gottes vñ vmb
seiner eignen Seligkeit willen/er wölle die ort in Lutheri
vnnd Brentij Büchern nachsuchen: So wirdt er befinden/
daß diser Caluinisten fürgeben/zum theil offentliche Lügen/
zum theil aber gantz mutwillige verkherungen seien/deß jeni-
gen/das Lutherus vnd Brentius recht vñ Christlich geschriben. Vñ dises mutwillig verkeren ist den Caluinischen Scribenten so gemein/daß sie auß eines reinen Lehrers Schrifft
nicht bald drey oder vier Zeil erzölen können/one ein offentliche Lugen/oder one ein fürsetzliche verkerung. Ein solcher
Mensch aber/der einem andern seine wort verkeret/heißt in
Lateinischer Sprach/Calumniator:: in der Griechischen
Sprach heißt er Διάβολος, Diabolus: von wölchem
Wörtlin kompt her das Teutsch wörtlin/Teuffel. Dieweil nun solche Caluinische Scribenten seind Lügner vnnd
Calūniatores, das ist/Diaböli: (wie alberait auff sie vilfeltig
bewisen) so kan man von jn mit Warheit sagen vñ schreib:
Sie

Sie seind warhafftige lebendige Teuffel: dann dises beweisen sie mit irem liegen/ verkheren/vnnd löstern/ vnd wer sich
an solche Leut henget/ vnnd an irem liegen/ löstern/vnd ver-
kheren Freud vnd Lust hat/ der würde auch seinen Lohn mit
disen vnd andern Teuffeln im Höllischen Fewr empfahen.

Vnd dieweil die Caluinische Concipisten einmal/ in den
Lauff deß liegens also kommen/ daß sie nicht mehr stillstehn
können/ so schreiben sie/ daß die Augspurgische Confession
jetzt nichts mehr bey vns gelte: es dürffen auch vnsere Pfarr-
herrn selbige nicht lesen/ absque antidoto siue correctiuo
Normæ Bergensis: das ist/ es sey dann daß sie zuuor ein
Artzney dafür (auß dem Concordi Buch) eingenommen/
auff daß sie nicht durch die Augspurgische Confession vergifftet oder geschädiget werden. Allmächtiger Gott/wo thut
doch disen Leuten das liegen so wol? Wir halten (wider die
Zwinglianer vnnd Papisten) steiff/ vnd (on einigen rhum
zumelden) mit grossem ernst vnnd eifer vber der Augspurgischen Confession: vnnd werden die Pfarrher bey vns dahin gewisen/ die Augspurgische Confession fleissig zulesen/
damit sie bey derselbigen bleiben/ vnnd deren zuwider nichts
lehren. Noch dürffen dise vnuerschämbte Lügner fürgeben/
die Augspurgische Confession gelte nichts mehr bey vns/
vnnd vnsere Pfarrher dürffen selbige (als ein gifftige
Schrifft/welche eines antidoti oder correctiui bedürffe)
nicht lesen/ one die Formulam Concordiæ Bergensem.
Hat auch der Erdbodem jemaln so vnuerschämbte Leut ge-
tragen/als dise sindt?

Endtlich/bringen sie den Ioannem Marion auff die ban/
von dem sie also schreiben: daß der Teuffel vor wenig Ja-
ren/ durch ein losen Buben/ Joann Marion genandt (der
lang in der Verstrickung gewesen/vnnd in seinem bösen fürs-

(Marginal notes:)

G. 4. fa 1.
Ob die Augspur-
gische Confession
bey vns nichts
mehr gelte: auch
von den Lutheri-
schen Predicanten
nicht dürffe gelese
werden/ic.

H. 1. fa 1.
Ob die Luther-
sche Predicanten
etwas mit Johan
Marions sachen
jemahln zuthun
gehabt.

„ nemen ergriffen worden) darmit vffgangen/daß durch auß-
„ lándische Politische Potentaten/ettliche Vbiquistische Cla-
„ manten erkaufft/vnd practicirt wurden/ allerley Vnruhwe
„ wider zween treffenliche/frosste/ dapffere Teutsche Fürsten
„ zuerzegt. Biß hieher die Caluinisten. Disen gifftigen Scorpion stich/ versteher nicht jederman: die Sachen aber seind
also damit beschaffen. Obgedachter Ioan Marion/hat heimliche Brieff hin vnnd wider geschrieben/ mit denen er sich in
grossen verdacht gebracht/ als ob er Verráterey vnd Vnglück stifften wólte. Was man nun in seiner Verhafftung
bey jm befunden / ist mir vnwissend/ das aber weiß ich/ daß
ettliche andere vnrhuwige Leut/vnd Feind der Lutherischen
Predicanten/gern ettliche reine fürnemme Theologos in den
verdacht hetten gebracht/ als solten selbige Theologi, vom
Pabst zu Rom Gelt empfangen habē/daß sie wider die Caluinisten schreiben/vnd also ettliche Caluinische Herrschaff-
ten in Vnglück bringen solten. Aber dem Allmechtigen sey
lob/ daß sich solches im allerwenigsten nie erfunden/ derwegen auch die Feind der Lutherischen Predicanten/mit solcher
greulichen Calumnien vbel angeloffen. Was aber selbige
versuchet/ dessen vnterstehen sich dise Caluinische Concipisten gleichermassen. Derwegen ist dises mein runde Antwort: wann sie hiemit zuuerstehen geben wöllen / daß ein
Würtenbergischer Theologus / mit des Marions Handlungen ettwas zuthun gehabt/ vnd in seinen Practicken ver-
hafftet / so reden vnnd schreiben sie nicht/ alß warhafftigen
Biderleutten gebürt: vnnd will ich sie für solche Gesellen/
als Ioan Marion einer gewesen / so lang vnd vil halten/biß
sie solches auff einen oder mehr Würtenbergischen Theologen erweisen.

Also

Also sihestu / Christlicher lieber Leser / auß disem andern theil meiner Antwort / wie vnuerschämbte Lügner / Calumniatores / mutwillige Verkherer vn Lösterer / die Caluinische Concipisten sein: Vnd wie gisstig vnd mördisch sie auff vns schuldige Parsonen stechen / noch dannoch dürffen sie an ettlichen orten jrer Schrifft / von der Brüderlichen Lieb vnd Einigkeit / auch von Christlicher Sanfftmut vns predigen: vnd grosse bescheidenheit gegen den Lutherischen Theologen rühmen / da sie doch / wo es jnen müglich were / gern denselben den Halß mit jren Lügen abstechen wolten. Wann es jnen dann nicht gerhaten will / so ist es lauter Christliche Lieb vnd Sanfftmuth gewesen. Vnd thun gleich / als wann einer (nach dem alten Teutschen Sprichwort) ein Wurffbeihel nach einem wirfft / wann er sein fehlet / so spricht er: Ich hab dich nur wöllen erschracken.

3. Verantwortung meiner / Osiandri Person / wider der Caluinischen Concipisten / Lügen / Calumnien vnd Lösterungen.

Erstlich beschuldigen mich die Caluinische Concipisten / daß ich mich eines newen Antichristischen gewalts in der Kirchen anmasse / daß ich mich vberreden lasse / Ich sey auff die Zinnen deß Tempels / gestelt / vnd hab macht / vber alle Kirchen in Franckreich / Niderland / in der Churf. Pfaltze: was ich setze / warne / richte / soll allein gelten / rc. Darumm sie mich dann in jhrer vnwarhafften Lösterschrifft offtermain einen Teutschen Pabst / vnderweilens einen Cardinal / vnderweilens ein Patriarchen / nennen / rc. diß kompt alles daher / daß ich mich in ettlichen Schrifften
wider

Was für gisstige Scorpione die Caluinische Scribenten sein / die doch immerdar von Christlicher Lieb vnd Sanfftmut predigen. F 1. fa. 2. h. 1. fa. 1.

A 1. fa. 1. A 2. fa. 2. A 3. fa. 1. Ob Osiander sich eines Antichristischen Gewalts anmasse.

B 3. fa. 1. E 1. fa. 1. A 4. fa. 1

wider die gottlose Lehr der Caluinisten gesetzt: vnnd den armen guthertzigen betrangten Christen in Niderland zu gutem (wölche seind/ wie die Schaff/ one Hirten) erstlich ein
freundtliche Ermahnung zugeschriben/daß sie sich in etliche
Articuln der Religion eines bessern weisen lassen sollen: dar-
nach/ daß ich auch ein Institutionem Christianæ Religio-
nis/vber alle fürnembste Articul vnsers Christlichen Glau-
bens/ in Frantzösischer/ Lateinischer/vñ Teutscher Sprach
außgehn lassen: Vnnd dann/ daß ich die Christliche Kirchendiener vnnd Pfarrkinder in der Churfürstlichen Pfaltz
trewlich verwarnet/ daß sie nicht stumme Hund gegen dem
Zwinglischen eintringenden Irrthum sein wöllen/ noch die
Zwinglische einschleichende Wölff (so in Schaffskleidern
einher gehn) für Schaffhirten ansehen sollen. Dises ist die
grosse Sünd/ darumb ich von jhnen zum Cardinal/ Patri-
archen/ vnd Teutschen Babst erwöhlet worden bin. Hetten aber die Caluinisten vor diser zeit jhre vnwarhafftige
Lösterschrifften/ auff welche ich geantwortet/ eingestellet:
hetten sie die Christliche eiferige Gemeinen/ in Franckreich
vnnd Niderland recht instituirt/ vnnd auß Gottes Wort
recht berichtet: hetten sie nicht durch das von jhnen erpracticirt vnnd concipirt Mandat/den reinen Predigern ein
Knebel ins Maul zubinden vnterstanden: so hette ich/ meines theils/aller angewandter Mühe wol vberhaben sein können vnnd mögen. Ob aber meine angewandte mühe/ Christliche Bericht/ trewhertzige Warnung/ ein Antichristisches
Bapsthumb mit sich bringen/das gib ich allen vernünfftigen
Christen zubedencken vnd zuurtheilen.

Damit sie aber mein Person (an deren sie mit grundt der
Warheit nichts schmähen können) dannoch verhasset machen möchté/werffen sie mir meinen Vattern seligen für/ der
in Preussen mit andern Theologen in ein beschwerlichen
Xell-

Religions Strit gerahten. So doch dise gifftige Caluinisten wol wissen/daß ich nicht allein mich derselbigen Contro
uersiæ nicht theilhafftig gemacht: sondern mich auch in ettlichen getruckten öffentlichen Schrifften erkläret/ daß ich im
selbigen Strit nicht seiner Meinung sey. Auch bringen sie
meinen Schwagern / M. Iohannem Funccium, seligen/
auff die ban: dem es in Preussen vbel ergangen. So doch der
Allmächtig weißt/daß ich vmb selbige gantze Handlung kein
einig wort nie gewißt (dann ich damaln allbereit im Fürstenthumb Wirtenberg mich gehalten) biß alles für vber gewesen. Ob es nun in derselbigen Sachen die Polnische Cö-
missarij wol oder vbel getroffen/das werde sie an jenem grossen tag des Herrn finden. Mir gebüret dauon nit zuschreiben/
daß die Sachen seind mir nit nach notturfft bekandt. Es ist
aber hierauß die Christliche Lieb vnnd Sanfftmut der Caluinisten zuerkennen: nemlich/wo sie einen ehrlichen Man
an seiner Person nicht zukommen können/begeren sie durch
ein andere Person / jhne zustechen/ vnnd zuschmähen: auch
durch solche Personen/ wölche Gott dem Herrn vor vilen
Jharen/ ergeben. Dise brüderliche trew/ vnd vberflüssige
Caluinische Lieb/würde der Allmächtig jhnen zu seiner zeit
belohnen.

Sie klagen mich an / daß ich in die Churfürstliche Pfaltz
fallen / vnnd dieselbig stürmen wölle: daß ich die Prediger in
der Churfürstlichen Pfaltz vertröste/ wan sie nur dapffer kö-
stern/werde ich sie ein ander zu reichen Ablehen/vn Pfründen
den promouirn: oder widerumb in jre Pfarrhen/mit gewaff-
neter Hand einsetzen. Item/ich sey der Man/ der sein fromme Herrschafft wider jhr gnedigste Obrigkeit hetze: vnnd
gleich wie der Bapst Clemens vor ettlichen Jharen in Ita-
lia,also wolte ich in der Churfürstlichen Pfaltz gern ein Ler-
                            J   men/

N.2.fa.2.
N 4 fa 1.
Ob Osiander in
der Churfürstli-
chen Pfaltz Auff-
ruhr erregen/vnd
den Herrn die haar
aneinander knüpf-
fen wöllen.

B.3.f.2.2.

„ men/Zwitracht vnd Auffrhur stifften vnd anstellen/vnd daß
„ ich nichts liebers sehe/daß daß die Pfalß/mein Landesfürst
„ vnd andere Fürsten einander ins Haar fielen/ꝛc. ob ich auch
„ nichtes darnach frage/wie es dem Vatterland gehe/noch was
„ für zerrüttung darauß erfolgen möge/wann ich nur meinen
„ Primat erhalten könne/ꝛc. Auff dise offenbare Lügen vnd
Calumnien zuantworten/bitt ich allein den Christlichen La-
ser/er wölle mein Warnung auff das Heidelbergische Edict
lesen/vñ nach seinem Gewissen vrtheilen/ob dasselbig dahin
von mir gerichtet/wie dise Caluinisten fürgeben: oder ob sie
mutwillige Calumniatores vnd vnuerschämbte Lügner vñ
Lösterer seien. Ich weiß (ohn rhum zumelden)so wol/oder
besser/dann die Caluinisten (wölche lieber das Schwert zu-
cken/dann die Bletter in der Bibel vmbwenden) was Auffrhur vnd Krieg für beschwerliche zerrüttung im Kirchen vñ
weltlichen Regiment/mit sich bringen/vnd hab gewiß vnd
thue mehr lust vnd liebe/dann ettliche hundert Caluinisten.
Sie mögen aber wol betrachten/ ob sie zu frid vnd einigkeit
rhaten/wölche ir Obrigkeit dahin verhetzen vnd treiben/daß
ein solche zerrüttung in geistlichen vñ weltlichen Regiment/
in der Churfürstliche Pfalß (wider das Churfürstliche Testament) angestelt vnd fortgetriben würde. Dann wann die
Caluinische Blaßbälg nicht weren/möchte sich die jetz regi-
rende Herrschafft/zuuersichtlich/eines andern vnnd bessern
bedencken. Es haben sich aber Caluinische Predicanten vernemen lassen: Man soll mit enderung der Religion fortfah-
ren/vnd solte es gleich nur sechs Wochen wehren. Item/
Wie wann sich ein Zwinglischer Hoffprediger X. vor einem Adelichen Frawenzimmer vor diser zeit vernemen laß-
sen/man solte den Lutherischen Predicanten die Köpff herab
hawen. Als ine aber ein fürneme Adelsperson erinnert/daß
er billich/als ein Predicant/nicht solte so Blutdurstig sein/
vnd

vnd vmb der Religion willen die Leut zutödten/nicht rahten:
Er darauff geantwort: Wann er Röm. Keiser were/mü-
ste keiner leben/der nit seines Glaubens were. Ob nun diser
Hoffprediger/ der doch noch auff disen tag lebt/ sein Herrschafft zu frid vnd einigkeit/ oder aber zu verfolgung/ anhetze
vnnd treibe/ das stell ich zu verstendigen Christen erachten.
Aber dises ist der Caluinischen Predicanten art/was sie selbs
thun/ das zeihen sie andere Leut/ denen es nie in jhren sinn
kommen.

   Sie tichten auch auff mich / als ob mein Schrifft (wider
das Heidelbergisch Mandat) dahin gerichtet/ daß man die
Caluinisten/ als Wölff/ tödten vnnd würgen soll. Wo hab
ich aber die tag meines lebens/in predigen/ja auch sonsten in
Priuat Gesprächen/oder in einiger Schrifft gerhaten/ daß
man die Caluinischen Predicanten/oder andere falsche Lehrer zu todt schlagen/oder würgen solle/den Menschen will ich
gern vnter Augen ansehen/ der mich eines solchen mit warheit bezüchtigen/ vnnd mit vnparteischen Zeugen/ oder meinen Schrifften vberweisen könne. Aber der Caluinisten Pa-
triarch Theodorus Beza/hat in einer Epistel (an einen fürnemen Fürsten deß Römischen Reichs) wölche im Truck
ist/geschrieben: Er halt es für das beste/daß die Ketzer/wañ
sie gleich widerruffen/dannoch vom leben zum tod gerichtet
werden:damit sie nicht wider vmbfallen/vnd in den vorigen
Jrrthumb gerahten. Jch bitt aber die Caluinische Concipisten freundtlich/ sie wöllen mich berichten/ wer die nachfolgende Carmina dem Hertzogen Johan Casimiro/rc.zu Hei-
delberg/an sein Gemach geschrieben/vnd an die Kirchen an-
gekleibt:

  O Casimire potens, seruos expelle Lutheri,
    Ense, rota, ponto, funibus, igne, neca.

B 1.fa 1.
B 1.fa.2.
B 2.fa.1 2.
Ob Osiander wöl-
le/daß man die
Caluinische Leh-
rer würgen soll.

Das ist auff teutsch souil gesagt: O du mächtiger Herr/
Hertzog Casimir: treib die Knecht Doctor Luthers hinauß/
vnd würge sie / mit dem Schwert/mit dem Rad/mit Wasser/mit Stricken / vnd mit Fewr. ꝛc. Diß/daß mir einer ein
Christliche Caluinische Liebe vnd Bruderschafft seine? Wie
dunckt dich Christlicher Leser/viñ den sanfftmütigen Caluinischen Geist / wann ihm Gott gestatten würde / daß er die
scharpffe Klawen(wie die erzürnete Katzen)erfür thun würde/daß er wol mit den armen Lutherischen Predicanten vmb
gehn würde?

Auch sagen sie: daß ich mit meinen Consorten im Stifft
Cölln die blutdurstige Spanier viel lieber sehe toben/ dann
das den armen Christen / die deß Caluinismi halben verdächtig sind/geholffen vñ zugesprungen werden soll ꝛc. Mit
disen worten thun dise Caluinische Conchisten mir vnd andern guten ehrlichen Leutten / Gewalt vnd vnrecht. Dann
wölcher Christ kan ort Betrübnuß seines Hertzen anhören/den mutwillen vnd blutdurstig wüten / so die Spanier
bißher im Niderland vnd im Stifft Cölln getriben? Ich
zweiffel auch nicht daran / Gott werde es jhnen alles zu seiner zeit auff ihren Kopff vergelten. Diß aber ist nicht vngleublich / wann sich die Caluinisten nicht in das Cöllnisch
Werck eingemenget: vnd mehr zu S. Petrus Schlüssel/
dann zu S. Paulus Schwerdt geraten/es wären(one abbruch der reinen Religion) wol mittel zufinden gewesen/das
die Spanier nicht in den Stifft Cölln kommen: derselbig
auch nicht so hart verstrickt / so jämerlich verherget / vnnd so
vbel darinnen gehauset worden were.

Sie wollen mich deß Antichristischen Geists verdächtig
machen / in dem sie fürgeben:daß ich gleicher gestalt / wie die
Bäbst jederzeit gethan / von der Christlichen Obrigkeit/
die

die es mit mir nicht halt / schimpfflich zureden pflege / 2c.
vnd daß darumb/weil ich wider das Heidelbergisch Mandat
geschrieben. Vnnd verwerffen sie mein Protestation / als
nichtig/quæ sit (ipsorum opinione)contraria facto. Zie=
hen mir auch hoch an / als ob ich Hertzogen Johann Casi=
mir 2c. für einen solchen albern Fürsten außgebe/ der nicht
wisse/vnd verstehe/was er vnter S.F.G. Handtschrifft vnd
Secret mandire/vnd außgehn lasse. Item/daß ich S.F.G.
die Würde/zu wölcher dieselbige von Gott dem Allmächti=
gen/nach dem wolhergebrachtem Recht der Gülden Bull/
Pfältzischen vhralten Satzungen/vñ mit allgemeinem Con=
sens/der gantzen Landschafft beruffen/absprecheze. will auff
dises letzte am ersten antworten. Ich hab Hertzogen Johan
Casimiro / 2c. sein Würde vnnd Administration deß Chur=
fürstenthumbs (wie jm selbige die güldene Bulla einraumbt)
nie abgesprochen. Daß aber jren F. G. dahin bißher gerah=
ten worden/die andern Fürstlichen Mituormünder nicht ne=
ben sich zuleiden/vnd ein solche beschwerliche Enderung der
Religion (wider Pfaltzgrauen Ludwigen / Churfürsten se=
ligster Gedächtnuß/auffgericht vnd bestettiget Testament)
mit vertreibung reiner/ gelehrter/ vnstrafflicher Kirchendie=
ner/fürzunemmen / das kan nicht allein ich nicht loben / son=
dern es lobens auch ander Leut nicht/die höhers Standts vñ
Verstandes sein/dann ich bin. Vnd zweiffel nicht daran/der
Allmächtig werde es an den jenigen/zu seiner zeit ernstlich
straffen/ die hieran schuldig. Daß ich aber Hertzogen Jo=
han Casimirum / 2c. mit seiner Protestation entschuldiget/
vnd das Mandat nicht S.F.G. sondern den Caluinischen
vnruhwigen Concipisten zugemessen : dardurch seind S.F.
G. weder verkleinert/ noch geschmächt. Dann es ist wol
mehren frommen/ vnd verstendigen grossen Herrn widerfah=
ren/daß sie durch vntrewe Rähte beredet worden/ daß sie mit

frem eigen vorwissen vñ bewilligen/vnter jrem Handzeichꝛ
en vnd Secret etwas außgehn vnd publicirn lassen/ dessen sie
hernach (wañ sie eines bessern berichtet worden) gerauwen/
vnd gewöllt/ es were verbliben. Dann es kan ein Herr wol
ein eifer haben/recht zuthun/vnd kan dannoch verführt werꝛ
den/ daß er solchen eifer nicht zur befürderung/ sondern verꝛ
hinderung der rechten Religion anwende. Vnnd zweiffel
noch auff disen tag nicht/ Wann S.F.G.nicht solche gifftꝛ
tige vnruhige vnnd verwegene Caluinisten (denen mit vnꝛ
rhue vnd zerrüttung der Kirchen vnd weltlicher Policey wol
ist) vmb sich hetten/ S.F.G.würden für jhr eigne Person/
vnd eigner bewegnuß/ solche Sachen nicht fürgenommen
haben/ oder noch beharren/ zu wölchen S.F.G.bißher seind
angeführt/vnd gleichsam getriben worden.

C i.fa 2
Wölcher gestalt
Osiander beden-
ckens gehabt/zu
Cölln in der Stat
zupredigen.

Die Concipisten geben mir auch ein Scorpion stich/ da
sie sagen: daß Doctor Osiander ettlichen hohen vnnd vorꝛ
nemen Personen/ die one gefahr vor anderthalb Jharen von
jhm in der Statt Cölln ein Predig zuhören begerten/ zur
antwort gegeben/ daß er dessen in seiner Instruction kein
Befelch hette.ꝛc. Die sachen aber seind also geschaffen geꝛ
wesen. Als ich zur selbigen zeit von meinem gnedigen Fürꝛ
sten vnnd Herrn/ Herrn Ludwigen Hertzogen zu Würtenberg ꝛc. neben andern S.F.G.Gesandten/ gen Bonn zu
dem Churfürsten vnd Ertzbischoffen zu Cölln/ Herrn Gebꝛ
harten ꝛc.abgefertigt worden: hab damaln gegen S.Churf.
G. ich mich/in beysein gemeldter Gesandten/ vnterthänigst
erbotten/ S.Churf.G.ettliche Wochen zu Bonn zupredi-
gen/vnd einen anfang zu einer Christlichen Religion helffen
zumachen: Wie ich mich auch darzu mit allerley noetwendiꝛ
gen Sachen verfaßt gemacht/ vnnd gäntzlich bedacht vnnd
entꝛ

entschlossen gewesen / etliche Wochen drunden zubleiben /
biß S. Churf. G. andere Kirchendiener zur hand brechten /
wölche das werck continuirten. Nachdem ich aber zu Bonn
vmb kein Predig angesprochen worden: vnd ich mit den andern Gesandten in gar wenig tagen gen Cölln verrucken
mussten: hat mich alda ein hohe Person angesprochen / in irer
Herberg zu Cölln ein Predig zuthun. Dieweil ich aber gewußt / daß die Euangelische Burgerschafft gegen einem
That daselbsten / vnd der That gegen der Burgerschafft /
nicht wenig erbittert gewesen / vnnd vnlang daruor etliche
Bürger (allein darumb / daß sie zu Cölln in einem Hause ein
Predig gehört) fencklich eingezogen / vnd schwerlich widerumb waren außgebetten worden: Mir auch nicht zweiffel-
te / da ich zupredigen bewilligt / vnnd solches vnter die Burgerschafft keme / es würde ein grossen zulauff geben: Ich aber
damaln / zu Cölln zupredigen keinen ordenlichen Beruff
gehabt (daß der Herr / wölcher es an mich begerte / nicht mein
Herr war / vnd mir hierinn nichtes hette zubefehlen oder auff-
zulegen) hab ich zur antwort gegeben: Es sehe mich dißmals
auß allerhand vrsachen nicht für rhatsam an. Darzu hette
ich dessen von meinem gnädigen Fürsten vnnd Herrn / Hertzog Ludwigen zu Württenberg rc. keinen befelch / daß ich in
der Statt Cölln / sondern / daß ich zu Bonn predigen solte /
wann es durch Hochgedachten Churfürsten vnnd Ertzbischoffen / Herrn Gebharten rc. von mir begert würde. Dises
hab ich aber dabey dem Herrn / der die Predig an mich
begert / angezeigt: Wann mein gnädiger Fürst vnnd
Herr / der Hertzog zu Württenberg zu Cölln were / vnnd
mich allda predigen hiesse / so wolt ich es thun. Dann
alßdann hette ich ein ordenlichen Beruff / von meiner
Obrigkeit. Versihe mich derwegen / Ich hab hierinn
nichts

nichts verwerfflichs gehandelt. Daß aber die Caluinisten sich
hin vnd wider eintringen/auffstehn vnd predigen/da sie keinen ordenlichen Beruff haben/das laß ich sie verantworten.

Sie schreiben auch von mir also: Wie wenig auch Osiander halte von den worten der Einsatzung/ist auß dem wol
abzunemen/dz er dieselbige nicht zum rechten grund der Gegenwart Christi/im H. Abentmal setzet: sonder die Person-
che Vereinigung vnd Allenthalbenheit deß Leibs Christi
der vorhin auch ausser der Action deß heiligen Abentmals im
Brot/vnd in allen Creaturen sey: menge: also gar vntröst-
lich vnd vnbescheiden/die Allgemeine Gegenwart Gottes/
der den Teuffeln selbst/ nach art seiner gerechten Hand/ge-
genwertig/mit der Gnaden gegenwart/ vnd gemeinschafft
Christi mit seinen Gliedmassen / die im H. Abentmal be-
zeuget würdt. Dise offentliche Lügen auffzubawen/ha-
ben sie droben ettliche Blätter zuuor nachuolgende verkehrung meiner wort/zu einem Fundament gelegt/da sie sagen:
Osiander hab in seinen zweien Predigen geschrieben: Wer
kein andern Grundt hette/als die wort der Einsatzung/vnd
nicht glaubte/der Leib Christi were zuuor im Brot/wie auch
allenthalben/der möchte vber nach Zwinglisch/vnd ein Sacramentirer werden. Dise wort haben die Caluinische Concipisten / mit einer besondern groben Schrifft gesetzt/also/
daß der Leser vermeindt/ sie stehn allerdings also in meinen
Predigen/so ich vom Abentmal Christi/in den Truck (Anno 77.) verfertiget. Ich beger aber von jnen/daß sie mir dise wort in meinen Predigen also zeigen/wie sie dieselben erzölen. Aber es seind solche Leut / die nicht ein Warheit (vn-
uerfälscht) vber ein Weg hynüber tragen können.

In meiner ersten Predig vom Nachtmal/hab ich (zum
grunde vnserer Sachen wider die Caluinisten) gleich im anfang erzölet die wort der Einsatzung / von wort zu wort/wie

selbige

G fa. 2.
Ob Osiander
nicht die wort
der Einsatzüg/
sondern die Al-
lenthalbenheit
zum grundt der
Gegenwertig-
keit des Leibs
vñ Bluts Chri-
sti im H. Abent-
mal setze.

selbige von den Euangelisten Mattheo/Marco/Luca/vnnd
dem Apostel Paulo beschriben. Darauff folgen bald dise/
meine wort: Derwegen ist auß der Stifftung Christi "
lauter vnd offenbar/daß er vns im heiligen Nachtmal "
mit dem Brot/sein warhafftigen Leib zuessen/vnd mit dem "
Wein/sein warhafftiges Blut zutrincken/verordnet/ver- "
heissen/vnd gestifftet hat. Vnd das er vns solche Speise vnd "
Tranck/biß ans end der Welt geben wölle. Sonsten könd- "
ten wir das heilig Abendtmal nicht nach seinem Befelch hal- "
ten vnnd empfangen. Vnd vber zwey Blat hernach hab ich "
also geschriben: Also glauben wir auch die Gegenwer- B.2.fa.
tigkeit deß Leibs vn Bluts Christi/dieweil es der ewig Sohn "
Gottes/wahrer Gott vnd Mensch/Jesus Christus geredt "
hat. Dann er ist wahrhafftig vnd vil weiser/dann wir. Vnd "
soll billich das Geschöpff nicht vber seinen Schöpffer sein/ "
vnd besser wissen wöllen/was er vermög/oder nicht vermö- "
ge/dann er selbst. "

In meiner andern Predig stehn dise meine wort: Warn "
ein einfeltiger Lay einem Zwinglianer allein die Wort C.4.fa
Christi: das ist mein Leib: fürhalten will/vnnd "
sich jetzgemeldte einred eines Zwinglianers/in seinem gewis- "
sen nichts irren lassen/vnd will ihm auff sein vermeindte be- "
weisung gar kein antwort geben/so hat es zwar ein rich- "
tigen weg/in disem Stuck. Vnd ist auch nicht vonnö- "
ten/daß ein jeglicher Lay mit einem Zwinglianer vil dis- "
putire. "

Dise meine wort zeugen ja lauter vnd klar/daß ich in dem
Handel vom heiligen Nachtmal die Leut auff die Einsatzung Christi weise. Vnd darauff tringe/das man den wor-

K   ten

ten der Einsatzung vestiglich glauben soll / als die der Allmächtig Sohn Gottes geredt hat: vnd daß ich darfür halte/
das ich allein die wort Christi (das ist mein Leib/ꝛc. das ist
mein Blut) für gnugsam halte / daß ein gutherkiger Christ
bey dem rechten Glauben vom heiligen Abendtmal bleiben
vnnd verharren könne.

Dieweil aber die Zwinglianer/ sich an den worten Chri-
sti/wölche lautter gnug sein/ nicht benügen lassen : sondern
disputirn wider die selbige / vnd geben für/es könne ein warer Leib nicht zumal an zwenen orten sein: Vnd man zu bei-
den theilen bekennet/ daß Christus gen Himel gefahren/vnd
daß in haltung des heiligen Abendtmals/Christus nicht auff
vnd ab/hin vnd wider fahr : so ist von nöten/daß/zu widerlegung deß Zwinglischen vermeinbten Arguments / wir
glauben/ Christus sey auch zuuor bey vns auff Erden gegenwertig : nach seiner gnädigen verheissung/ die er der Christlichen Kirchen gethan / da er gesagt: Sihe / ich bin bey euch
alle tag biß ans end der Welt. Darumb hab ich in meiner andern Predig also geschriben: Dann/ist er (Christus) nicht zuuor da/fehret auch nicht herab vom Himel: was wirbt dann
weiters im heiligen Nachtmal Christi bleiben / dann allein
Brot vñ Wein/one den Leib vnd Blut Christi?Dises sollen
gutherkige Christen (vñ sonderlich die Kirchendiener/ denen
gebürt / die rein Lehr wider die falschen Lehrer eiferig zu ver-
thädigen) wol erwegen. Deß lassen sie Christum mit zuuor
mit seiner heiligen Menscheit/allenthalben gegenwertig sein/
vnnd wöllen jne dannoch nicht (auff Bäpstische weise) auff
vnd ab/hin vñ wider fahren lassen/ so mögen sie vber Nacht/
on jr wissen / vnd ehe sie es selbs mercken/ Zwinglisch werden / vnnd können sich desselbigen Irrthumbs nicht lang er-
wehren.

Matth.28.

. Wie

Wie stimmen aber dise meine wort mit der Caluinisten worten/die sie mir mit vnwarheit zumessen? Nämlich/daß ich in meinen zweyen Predigen soll geschriben haben/ wer keinen andern grund hette/als die wort der Einsatzung/vñ nicht glaubte/der Leib were zuuor im Brot/ wie auch allent halben / der möchte oder Nacht Zwinglisch vnd zum Sacramentirer werden. Dises aber ist der Caluinischen Scribenten gewonheit/ daß sie wunder selten einem sein wort redlich/vnuerfälscht/vnuerkert/vnuersetzt/vngestümmlet / one jren zusatz/vñ in der meinung / wie er sie geredt/oder geschriben / erzelen: sonder ziehen (mutwilliger vnd fürsetzlicher weise)jrem gegentheil seine wort also verkert an / daß sie gar ein andern Verstand mit sich bringen/daß der Buchstab an sich selbsten gibt/ vnd der contextus totius Orationis leidet: Von wölcher teuffelischer Boßheit droben in diser meiner Antwort auch nach notturfft meldung beschehen. Derwegen kein Christ daran zweifflen soll / daß der leidig Teuffel dise Leut reittet/vñ sie dermassen eingenoñen/ daß sie kein warheit reden können/ wann sie auch gleich nun anderer Leut wort auß getruckten Büchern/nachsagen oder nachschreiben sollen.

Endtlich beschliessen sie jr vntrewe vnwarhaffte Gegenwarnung mit disen worten:Gott aber ist zubitten/daß er dem D. Osiandro(der on zweiffel von den sanfften rhüwigen jagen vñ grosser Authoritet vñ Præeminentz/die er vber die 20. Jar zu Hofe gehabt/etwas geil vñ frech worden) ein Christliche sanfftmut vnd bescheidenheit wölle verleihen / damit er seinen Beruff zu Stutgarten/ mit welchem er gnug zuthun „ vnd zu warnen hat / in friden außwarte/ vnnd dem MO- „ XEN dem Sohn Jemini/ der den frommen Fürsten Da- „ uid verlöstert hat/wie er klagt ich sibenden Psalm / nicht „

H.1 fo.2. Wölcher gestalt die Caluinisten mit gifftigem Schlangenstich/ wider Osian. drum/jhr Gegenwarnung beschliessen.

K 2   ehnlich „

„ chnlich werde/ sondern seine zunge für bösem behüten/ seine
„ lippen/ daß sie nicht falsch reden vnd dem friden nach JA-
„ GEN wölle/Amen.

Auff disen jren gantz Christlichen/ sanfftmütigen vnnd
bescheidenlichen Caluinischen Schlangenstich gib ich den
Concipisten dise Antwort. Ich danck dem Allmechtigen
Osiandri dienst in Hose.
trewen Gott/der mich in friden vnd rhue/one eusserliche ver-
folgung/ gleichwol nicht one Creutz/ bißdaher in Kirchendienst nunmehr in die neun vnd zweintzig Jahr im löblichen
Fürstenthumb Wirttenberg erhalten: in wölchem ich jetzt
sechzehen (vnd nicht 20. Jahr lang vnwürdiger Hofpredi-
ger bin: da ich dann abermal meinem lieben Gott zudancken hab/ der mir ein Christliche Obrigkeit gegeben/ wölche
sich jederzeit auß Gottes Wort/vor allerley Ketzereyen/vnd
allem gottlosen Wesen/ gern warnen lassen/ vnd solchen
Warnungen trewlich gefolget: Wie auch Hochgedoch-
ter mein Gnädiger Fürst vnnd Herr sich die gantze zeit vber/
so gnädig vnnd gütig gegen mir erzeigt/ daß ich billich S.
F. G. nicht nur für meinen Landsfürsten vnnd Herrn/ sondern für meinen Vattern halte. Inmassen dann auch S.F.
G. gegen meinen Collegis vnnd andern trewen Kirchendienern gantz gnädig gesinnet.

Osiandri rhuwi- ge tag.
Was meine rhuwige tag anlanget/ danck ich Gott/ der
mir bißher Stercke vnnd Kräfften verlihen/daß ich meinem
Beruff vnnd Geschäfften abwarten können: halte aber
dannoch darfür/wann diser Zwinglischer Concipisten einer/
in seinem Beruff ettliche vil Jahr/ souil zuthun gehabt/ er
würde villeicht es nicht für ein so rhuwig Wesen achten.

Osiandri Præ- minentz vnd Au- thoritet.
Ob ich mich einer Præeminentz vnd grosser Authoritet
anmasse/ mag ich leiden/ daß alle meine Collegæ/ so neben
mir jemals gewesen/ oder noch im Kirchendienst in dem gantzen löblichen Fürstenthumb Wirttenberg sein/ darüber ge-

hört

höre werde. Verhoff ich/sie werden mir Kundtschafft geben/
daß ich mich (one rhum zumelden) als ein Bruder gegn jnen
erzeigt/vnd kein Superioritet jemaln vber sie gesucht habe.

Daß ich aber auß gutthertzigem eifer/mich bißher wider
die Caluinisten/die anderstwo/vnnd in der Churfürstlichen
Pfaltz mercklichen schaden thun/gesetzt habe/das ist ein notturfft gewesen. Dann die Christliche Kirch ist ein Corpus
vnd ein geistlicher Leib/an wölchem Christus das Haupt ist.
Darumb wann selbige an einem ort (es sey ferne oder nahe/
vber vil oder wenig meil wegs) durch falsche Lehrer ange-
griffen/vnnd vergifftet werden will/so seind andere Glieder
(sonderlich die Kirchendiener) schuldig zuwehren vnd zurет-
ten. Dann sonsten frisset die falsche Lehr vmb sich/als der
Krebs/wie Paulus sagt. So ist es auch gebräuchlich/vn ein
hohe notturfft/wo ein Feur auffgehet/wölches man ersehen
oder spüren kan/daß man auch vber etliche meil wegs zu-
laufft/vn wehret: wie man daß solchen Christliche dienst auß
brüderlicher liebe einander zuleisten schuldig. Weil dann die
Zwinglische Predicanten in der Churf. Pfaltz/das schädlich
verderblich Feur des Caluinismi (wölches etliche jar gele-
schet gewesen) widerumb auffgeblasen vnd angezündet/vnd
(durch das von jnen erpracticirt Mandat) den Christlichen
Predigern in der Churf. Pfaltz mit gewalt verbieten wöllen/
daß sie solch Feur nit beschreien/noch demselbigen wehren
sollen: sondern die jenigen/so gern das beste theten/auß den
Stätten vn Dörffern hinauß jagt: So ist es ein notturfft/
vn gar kein πλυπραγμοσύνη oder fürwitz/daß genachbaurte
Theologi/durch getrewe Christliche warnung/disem schädlichen Feur zulauffen/vn selbigen wehren/so vil müglich/vn
jnen Ampts halben gebüret: vnd sich nit daran keren/daß die
Caluinische Predicanten/wölche solch Feur eingelegt/vber
die/so es zu löschen begern/vbel zufriden sein.

K 3   Daß

Ob Osiander/en
not/vnd auß für-
witz/sich der
Pfältnischen Kir-
chen sachen ange-
nommen.

Ob Ofiander
fromm Fürsten
verlöstere.

Daß sie mich auch gern dem MOXEN/dem Son
Jemini/der den frommen Fürsten David verlöstert hat/
vergleichen wolten: hab ich mich droben mit gutem grundt
entschuldigt/daß ich fromme Fürsten weder löster noch schmä-
he. Wann aber die Caluinisten sich nach MOXEN
vmbsehen/wölche nit candidi vnd weisse Engel/noch trewe
Gottes Diener seind: werden sie die schwartzen Moren/wöl-
che mit Lügen/Calumnirn vnd Löstern/den schwartzen En-
geln gantz ehnlich worden/vnter jhnen in guter anzal finden.
Vnd da jnen allen jhr ewigs Heil vnd Seligkeit angelegen/
were es grosse zeit/daß sie nunmehr jhr Zunge vor bösen be-
hüteten/vnd jre Lippen/daß sie nichts falsch redeten/vnnd so
vnuerschämbt lögen : Sondern nach einem Christlichen
Gottgefelligen/vnnd nicht geferbtem löcherichten Frieden/
trachteten/vnd demselbigen nachjagten.

Wölcher gestalt
Ofiander ein Jä-
ger sey.

Sie haben aber mit sonderm fleiß/in jhrer Schrifft/das
wörtlin (Jagen) mit grossen Buchstaben geschrieben/vnd
mir damit/zum Valete (auß Caluinischer bescheidenheit vñ
sanfftmut) ein stich geben wöllen/dieweil sie vorlangst erfah-
ren/daß mein Gnädiger Fürst vñ Herr/Herr Ludwig/Her-
tzog zu Würtemberg/etc.mich in disen sechzehen jaren/ettlich
mal (wann ich one das/mit S. F. G. als ein Hoffprediger
gereiset) mit hinauß auffs Jagen genoimen/waß jhre F.G.
darfür gnädig gehalten/daß ich ettwo in ettlichen Wochen/
ein tag mir selbst solte (von vilfältigem lesen vnd schreiben)
rhuwe lassen/vnnd mich recreirn: für wölche Fürstliche für-
sorg/S. F. G. ich billich vnterthdnig zudancken. Ich hab
aber kein Hirsche/oder Saw/Fuchsen oder Hasen/nie ge-
schossen oder gefangen/sondern allein zugesehen. Dannoch
muß ich diser leut Jäger sein. Ich will aber vermittelst Göt-
licher Gnaden/durch diser Leut boßhafftig Calumniern (da
sie

sie mich so genaw suchen / daß sie mir auch das Orgelschla=
hen fürwerffen) mich nicht abschrecken lassen / die grobe
Saw/Bachen/Keiler/vnd Frischling/sampt den Dachsen/
Füchsen/vñ Hasen/wölche in dem Acker/ Wisen vñ Wein=
berg deß HERrn mit wühlen/ verwüsten/ fressen / graben/
junge Ruten abhawen/vnd in ander weg vilfältigen grossen
schaden thun/mit den geistlichen Waffen Göttliches Worts
zufahen/vnd jnen zuwöhren/ souil mir der Allmächtig / biß
an mein selig end Gnad verleihen würde/ Amen.

Also hastu Christlicher lieber Leser/auß diser
meiner gründtlichen Antwort (die ich doch auffs engst ein=
gezogen) lauter zuuernemmen/ daß die Heidelbergische Cal=
uinisten/vnd jhres gleichen/wider das helle vnnd klare Wort
Christi (das ist mein Leib/das ist mein Blut) kein wahre
Gegewertigkeit deß Leibs vnd Bluts Christi/ im heiligen
Abentmal glauben: Sondern mit glatten worten den ein=
fältigen Christen/das Maul schmieren/vnd mit verbrehten
Reden (die auff Schrauben gestelt) rechte Gducklerey trei=
ben/vnd die Leut mutwillig vom rechten Hauptstrit abfüh=
ren/ daß sie auch (wann sie von dem Stritt/so ober dem hei=
ligen Nachtmal entstanden / deßgleichen auch von weltli=
chen Personen oder Kirchendienern reden / vnnd jhre
Schrifften anziehen) Lügen mit Wannen zutragen /
vnnd sich vnterstehen / die Leut mit sehenden Augen
blind zumachen. Wie sie auch insonderheit gegen mei=
ner Person / mit Lügen vnnd verkherungen meiner wort/
jhr gifftig Hertz vberflüssig erkläret. Wer nun den lei=
digen Teuffel / bey seinen Klawen nicht kennen will / dem
ist weder zuhaten noch zuhelffen. Wann einer in weltli=
chen Sachen fürsetzlich vnnd wissentlich einem/zwey/drey/

oder

oder viermal ein grobe Vnwarheit sagte/so würde man
einen so leichefertigen Menschē nichts mehr halten/nō
ferner glauben. Wieuil mehr ist den Caluinischen Seu-
ten/wōlche ein Lügen vnd Calumnien (mutwilliger/fre-
licher weise/vnd wider ir eigen Gewissen) an die ander knü-
sen/nichts guts zutrawen/ noch zuglauben? als die lang
keiner Vnwarheit / darinn sie offentlich ergriffen/scha-
werden. Darumb laß sich vor disem Zwinglischen verlo-
Geist warnen/wem Gottes Ehre / vnd sein Seligkeit e-
lich angelegen ist. Wer sich aber nicht will warnen la-
sondern mit disen vnuerschāmbten Leuten/ der Hō
Spornstreichs zurennen will / den muß man befehlen
gerechten Gericht Gottes. Der wölle die / so
zubekeren sein/wider vmbwenden/vnd bekeren/
andern aber/wōhren/vnd sie zuschan-
den machen/ Amen.

E N D E.

www.ingramcontent.com/pod-product-compliance
Lightning Source LLC
Chambersburg PA
CBHW020329090426
42735CB00009B/1460

* 9 7 8 3 7 4 3 4 9 9 6 9 0 *